敏捷产品开发
——快速创新，赢得市场

AGILE PRODUKTENTWICKLUNG
Schneller zur Innovation-erfolgreicher am Markt

（原书第2版）

［德］阿克塞尔·施罗德（Axel Schröder）编著

丁树玺 译

机械工业出版社

敏捷产品开发现在不仅是最佳实践，而且正在发展为公司的生存战略。更短的周期、全球分布的团队和日益增加的复杂性需要更具创新性的开发流程。本书是一本专门描述成功工业公司如何将敏捷产品开发方法从软件转移到整体产品开发的书。其中的第一部分解释了敏捷原则：通过对在公司中的角色、相关仪式和介绍来了解敏捷产品开发方法；在敏捷教练的帮助下获得快速、透明的结果；引入了敏捷冲刺节奏，包括明确的目标、明确的义务、实施范围和成功完成。第二部分介绍了全球顶级公司的经验：来自九家顶级公司的高管描述了他们对敏捷和内部实施、初始情况、团队动态和持久变化的理解，使读者可以从他们的经验中受益。

本书可以为在产品开发过程中寻找更新、更好的方法来提高研发效率和产品质量的人员提供参考。

Agile Produktentwicklung Schneller zur Innovation-erfolgreicher am Markt / by Axel Schröder/978-3-446-47125-2

©2018 Carl Hanser Verlag München

All rights reserved

本书中文简体字版由Carl Hanser Verlag授权机械工业出版社在世界范围内独家出版发行。未经出版者书面许可，不得以任何方式抄袭、复制或节录本书中的任何部分。

北京市版权局著作权合同登记　图字：01-2022-1137号。

图书在版编目（CIP）数据

敏捷产品开发：快速创新，赢得市场：原书第2版/（德）阿克塞尔·施罗德编著；丁树玺译. —北京：机械工业出版社，2024.4
ISBN 978-7-111-75047-5

Ⅰ.①敏… Ⅱ.①阿… ②丁… Ⅲ.①产品开发 Ⅳ.①F273.2

中国国家版本馆 CIP 数据核字（2024）第 040188 号

机械工业出版社（北京市百万庄大街22号　邮政编码100037）
策划编辑：贺　怡　　　　　　责任编辑：贺　怡　李含杨
责任校对：马荣华　张　薇　　封面设计：马若濛
责任印制：刘　媛
北京中科印刷有限公司印刷
2024年4月第1版第1次印刷
169mm×239mm・14.25印张・2插页・245千字
标准书号：ISBN 978-7-111-75047-5
定价：89.00元

电话服务　　　　　　　　　　网络服务
客服电话：010-88361066　　　机　工　官　网：www.cmpbook.com
　　　　　010-88379833　　　机　工　官　博：weibo.com/cmp1952
　　　　　010-68326294　　　金　书　网：www.golden-book.com
封底无防伪标均为盗版　　　　机工教育服务网：www.cmpedu.com

前言

"对于我们的工作,统一的流程就像隔离服一样把创新的空气都排除在外",这已经让很多优化尝试走进了死胡同。开发人员是对创新、自由及个性有强烈渴望的个体,程序员们更是如此。全球范围内的软件开发人员现在都对同一套完整的开发流程达成了一致,他们称之为 Scrum(单词源自橄榄球运动),以两周为单位的工作作为冲刺,并同时开展每日站会。"在软件领域,我们的同事长期以来都在按照 Scrum 工作,并取得了极大的成功!但硬件上我们很难在两周内实现可交付(可销售)的产品",业界都持有这样的观点,"因此我们仍旧按照瀑布式的流程进行开发,所以我们的软件开发人员和其他研发人员按照不同的流程模式开展工作。可是他们互相之间的配合总是不尽如人意"。

AS&P 管理咨询公司已经成立了 25 年,并在 2018 年 6 月完成了自己的第 1000 个客户项目,所有这些项目的重点都是提高产品开发过程中的研发效率。我们一直在寻找更新、更好的方法来提高研发效率和质量。软件社区的成功让我们了解到这一方法的真正内核。我们很快意识到了:如果敏捷开发的核心是一系列可以激励开发人员提高效能的工作方法,那么没有理由只将其应用于软件开发。

敏捷开发流程十分具体,但同时又很简洁——世界上所有巧妙的事务其实都很简单。它由很多每个人都熟悉的小环节组成,其中一个成功元素就是站会——一个十分基础的流程元素,它能保证团队的交流,形成良好的开发节奏。然而决定性的成功元素在于管理层与员工之间的联系:当领导得当时,团队会形成良性循环。为了确保良好的领导,其流程必须简单——有三个具体的步骤:①设定明确的目标;②给予自由空间;③及时反馈。敏捷开发的迷人之处在于:这三个步骤都围绕着每一个冲刺展开,因此其实现能得到有效保证。那些理解自己工作目标实际意义的开发人员会更加倾尽全力,在可自由发挥的"空间"

中主动承担更多的责任，并通过及时反馈获得个人的认可度。他们一定能够在工作中获得更多的乐趣——你根本无法阻止这一切的发生！

实际原理非常简单，但如何正确实现却很难！这是为什么呢？因为它涉及我们人类最难完成的事情——习惯行为的改变。我个人还从未听闻在缺少敏捷教练指导下成功实现的案例。

当人内心真正渴望强大时，他们就会取得成功。当然过程中还会需要一些引导。为了不自欺欺人，在试点期间便应以敏捷领导为榜样，并在实际实施期间接受指导。

如今，从在德语国家的汽车、电子和机械工程领域内成功开展敏捷开发的项目数量来看，AS&P 管理咨询公司已经成为市场领导者。我们本可以在更短的时间内取得这一成功，甚至开拓更广阔的天地，其原因在于公司的长期客户给予的高度信任。本书具体描述了有多少家工业巨头已成功地将敏捷开发流程从软件领域拓展到了整体产品开发，内容包括**博世**（ROBERT BOSCH）的工学博士汉斯·皮特·霍普钠（Dr. -Ing. Hans-Peter Huebner）和博士马丁·胡里希（Dr. Martin Hurich），**费斯托**（FESTOOL）的沃夫刚·宗德勒（Wolfgang Zondler），**欧司朗**（OSRAM）的安东尼奥斯·雷廷格（Antonius Reittinger），**德尔格**（DRAEGER）的斯蒂芬·塞弗林（Stefan Seuferling），**凯傲集团**（KION）的教授、工学博士艾克·波姆（Prof. Dr. -Ing. Eike Boehm），**艾斯玛**（SMA）的工学博士于尔根·莱纳特（Dr. -Ing. Juergen Reinert）和博士卡斯滕·冈拉克（Dr. Carsten Gundlach），**通快**（TRUMPF）的工学博士海因茨·于尔根·波洛克普（Dr. -Ing. Heinz-Juergen Prokop）和加布里埃尔·卜芬科（Gabriela Buchfink），**西门子医疗**（SIEMENS HEALTHINEERS）的沃尔特·马岑多夫（Walter Maerzendorfer），**大陆集团**（CONTINENTAL）的鲁道夫·斯塔克（Rudolf Stark）的介绍。

在此我还想由衷地感谢 AS&P 管理咨询公司经验丰富的顾问团队（按字母顺序）：安德烈亚斯·菲尔（Andreas Feil）、阿克塞尔·舒尔茨（Axel Schulz）、贝内迪克特·兰德威尔（Benedikt Landwehr）、杜维·阿特玛（Douwe Attema）、弗朗茨·哈特曼（Franz Hartmann）、海纳·埃塞尔博士（Dr. -Ing. Heiner Esser）、约阿希姆·庞德（Joachim Pfund）、朱利安·霍夫迈斯特（Julian Hoffmeister）、迈克尔·皮克勒（Michael Pichler）、迈克尔·特默特（Michael Theumert）、彼得·弗勒利希教授（Prof. Dr. -Ing. Peter Froehlich）、罗兰·穆勒（Roland Mueller）、斯蒂芬·门格斯（Stefan Menges）、蒂洛·福克斯（Thilo

Fuchs）、托拜亚斯·温克勒（Tobias Winkler）、维克多·赫尔佐格（Victor Herzog）及其他众多同事。

统计数据显示，60%的书籍从未被阅读，30%只是部分阅读，而只有5%的书籍会全篇精读，我们不能让这种情况发生。这就是为什么我们选择不同寻常的表达形式，采用更多的图表和加粗的文本。感谢克里斯蒂安·彼得罗维茨（Christian Petrovits），感谢您夜以继日的工作，以及您对书中图片准确表达付出的心血。还要感谢我的儿子蒂米（Timmy），他从20岁起就经常陪我听课，积累与敏捷教练相关的知识和经验，并用于原书第2版的文本和图形编纂。

卡尔·汉泽尔出版社（Carl Hanser Verlag）的赫兹伯格（Herzberg）先生不断地以冷静、积极的工作态度激励和支持我们进步，我尤其要感谢他在书籍内容形式、标题优化及图片创新设计上给予我们的灵活性和开放性。

我还要感谢我早逝的母亲海妮（Henny），她赐予我创造力，并教会我责任心的重要性；我的父亲莱茵霍尔德（Reinhold），他总是为我感到骄傲，他的冷静和平衡给了我力量；我的祖母维娜（Wiene），她为我树立了"永不放弃"的榜样；我的继母海伦娜（Helena），她无私地支持着我们整个家庭；总是陪伴着我的夫人康妮（Conny）；儿子马尔科（Marco），他在很多事上都以我为榜样；永远爱我和支持我的女儿朱利安·海妮（JuliaHenny）；总是亲切提问和挑战我的儿子蒂米；正在茁壮成长的孙女露露（Lulu）；总是认真听我说话的孙子瓦伦丁（Valentin）；常常让我发笑的孙子威廉（William），以及才10个月大就已极具智慧的孙子詹姆斯（James）。

阿克塞尔·施罗德
2018年9月

目 录

前言

第一部分　敏捷产品开发——成就更多 ·· 1

　第1章　引言 ··· 2
　　1.1　什么是好的领导？ ·· 3
　　1.2　我最棒的项目 ·· 4
　　1.3　好的领导及团队信任 ·· 4
　第2章　Scrum ·· 6
　　2.1　软件和 Scrum ·· 7
　　2.2　Scrum 应用于硬件开发？ ·· 8
　第3章　敏捷精神 ··· 10
　　3.1　以冲刺为重点 ·· 11
　　3.2　节奏的力量 ··· 11
　　3.3　让开发人员不断成长 ·· 12
　　3.4　团队融入流程 ·· 12
　　3.5　管理层发挥领导作用 ·· 13
　第4章　敏捷产品开发是如何运作的？ ··· 14
　　4.1　项目计划 ·· 15
　　4.2　帕金森定律 ··· 15
　　4.3　学生张力定律 ·· 16
　　4.4　冲刺时长 ·· 17
　　4.5　时间盒 ··· 18

4.6 团队的变化 ... 18
4.7 敏捷开发的三个角色 ... 19
4.7.1 产品负责人（产品负责人团队） ... 19
4.7.2 团队 ... 20
4.7.3 敏捷教练 ... 22
4.8 敏捷流程 ... 25
4.8.1 阶段规划 ... 25
4.8.2 秘密会议——冲刺待办事项 ... 26
4.8.3 冲刺计划 ... 28
4.8.4 每日站会 ... 33
4.8.5 冲刺回顾——演示 ... 34
4.8.6 回顾 ... 35
4.9 经典问题 ... 38
4.9.1 敏捷适合哪类项目？ ... 38
4.9.2 敏捷只适用于全职团队？ ... 38
4.9.3 如何在两周内完成硬件？ ... 39
4.9.4 干扰 ... 41
4.9.5 敏捷可以用于全球化队伍中吗？ ... 42
4.9.6 必须有纸吗？有没有现代化的IT工具？ ... 43
4.9.7 小组或部门领导该怎么办？ ... 43
4.9.8 敏捷会要求改变组织架构吗？ ... 44
4.9.9 战队和敏捷 ... 46
4.9.10 超大型项目同样适用敏捷？ ... 47
4.10 敏捷领导 ... 50
4.11 敏捷引入流程 ... 52
4.12 敏捷在试点之前——开始大幅度推广 ... 52
4.12.1 堵塞陷阱——管道过载（Pipeline-Overload） ... 53
4.12.2 隧道效应 ... 54
4.12.3 领导角色的转变 ... 55
4.12.4 过渡团队（Das Transition Team） ... 55

第二部分 成功引入敏捷实例 ... 57

第5章 敏捷团队的成功引入 ... 58
- 5.1 趋势与挑战 ... 59
- 5.2 整体方法 ... 59
  - 5.2.1 领导宗旨 ... 60
  - 5.2.2 BES：博世工程产品系统（Bosch Product Engineering System） ... 60
- 5.3 市场边界条件 ... 61
- 5.4 起点——勇气：自愿试点项目 ... 62
- 5.5 理念——开放式方法 ... 63
- 5.6 目前已集成的方法论 ... 63
  - 5.6.1 精益/生产流 ... 63
  - 5.6.2 优化的开发流程 ... 64
  - 5.6.3 Scrum 或基于 Scrum 的开发流程 ... 65
- 5.7 试点项目初体验 ... 66
- 5.8 为广泛实施做准备 ... 68
- 5.9 来自过去的激情 ... 69
- 5.10 敏捷管理团队 ... 69
- 5.11 解决试点项目中的障碍 ... 70
- 5.12 展望 ... 73
- 参考文献 ... 74

第6章 从敏捷软件开发到敏捷产品开发 ... 76
- 6.1 软件敏捷开发的初体验 ... 78
- 6.2 敏捷原则的作用 ... 81
- 6.3 引入敏捷开发 ... 82
  - 6.3.1 变革的方法：全规模变革（Whole-Scale Change™） ... 82
  - 6.3.2 具体实现 ... 84
  - 6.3.3 敏捷方法及其工具的特点 ... 85
- 6.4 敏捷开发的战略意义 ... 88
- 6.5 经验教训 ... 90
- 6.6 总结与展望 ... 91

参考文献 · 92

第 7 章 敏捷在德尔格 · 93
7.1 在德尔格引入敏捷方法 · 95
7.2 最佳环境 · 98
7.3 创新管理作为加速器 · 100
7.4 每日交付 · 101
7.5 创新之盒 · 102
7.6 敏捷组件的单独引入 · 104
7.7 解决个别阻碍 · 105
7.8 项目工作的明显变化 · 105
7.9 大型项目中的特殊框架条件 · 106
7.10 敏捷工作——变得敏捷 · 107
7.11 LeSS（大规模敏捷开发，Large Scale Scrum）初体验 · 107
7.12 复杂项目架构中的敏捷——我们的精髓 · 111
7.13 未来的挑战 · 115

第 8 章 费斯托的敏捷产品开发 · 117
8.1 在费斯托引入敏捷产品开发方法 · 119
8.2 费斯托内部的敏捷角色定义 · 120
8.3 引入敏捷产品开发经验 · 124
8.4 试点项目经验谈 · 126

第 9 章 如何敏捷地打造差异化产品系列 · 128
9.1 结构化与敏捷开发——高效产品开发的两种形式 · 129
9.2 敏捷工作的先决条件——组织架构 · 131
9.3 依据产品特性 · 132
9.4 敏捷性——行业差异化的成功因素 · 133
9.5 凯傲集团的敏捷 · 135
9.6 长期的改变带来成功 · 136

第 10 章 "混合敏捷"——两全其美 · 137
10.1 欧司朗的起点 · 138
10.2 使用敏捷的动机 · 139
10.3 必要的调整："混合敏捷" · 142
10.4 前景 · 148

第11章 艾斯玛的敏捷产品开发 ················ 149

11.1 敏捷@艾斯玛——在创新项目中将不可能变为可能 ······ 150
11.1.1 打破思维模式,跨域知识融合方案················ 150
11.1.2 工作步骤——分3步,并"敏捷"地实现目标 ··· 151
11.1.3 "敏捷开发"究竟是什么?艾斯玛内部是如何理解的? ················ 151
11.1.4 团队——组建一支各个领域都没有短板的团队················ 152

11.2 项目实施——准确无误地走向成功 ················ 153
11.2.1 经典的冲刺流程················ 154
11.2.2 项目中应用的方法················ 156
11.2.3 创意技术(Kreativitätstechniken)················ 157
11.2.4 TRIZ················ 157

11.3 可视化流程——计划、进度和问题 ················ 162
11.3.1 绩效指标················ 162
11.3.2 经验教训(Lesseons Learned)················ 163

11.4 小结················ 164
参考文献················ 165

第12章 从项目中使用Scrum到敏捷型公司················ 167

12.1 明日世界意味着生活得更灵活················ 168
12.2 将敏捷思维融入项目················ 170
12.3 从订单采购团队到产品待办类别——成熟的项目元素················ 175
12.4 如何让敏捷运作起来?················ 176
12.5 需要克服哪些障碍?················ 179
12.6 敏捷改变领导方式················ 183
参考文献················ 187

第13章 敏捷创新——西门子医疗绩效系统的核心要素 ················ 188

13.1 引言················ 189
13.2 健康——一个极具吸引力的未来市场················ 190
13.3 创新策略是业务战略不可或缺的一部分················ 190
13.4 创新领域——医疗影响················ 195

13.5 前期开发——从技术到创新（T2I） …………………… 198
13.6 产品研发 ……………………………………………… 200
13.7 管理的核心任务——边界条件及文化 ………………… 203
13.8 商业项目 vs 研发项目——管理重点 …………………… 204
13.9 决策中——项目导向 vs 条线导向 ……………………… 206
13.10 项目交流——工具 vs 人 ……………………………… 206
13.11 制造或购买——核心竞争力 vs 开放式创新 …………… 207
13.12 小结 …………………………………………………… 209
参考文献 ……………………………………………………… 210
总结 …………………………………………………………… 211
作者索引 ……………………………………………………… 213

第一部分
敏捷产品开发——成就更多

第1章
引 言

1.1 什么是好的领导？

你是否能记起职业生涯中某个自己感到特别幸运的时刻吗？有没有这样一位领导帮助你体验到了这样的时光？如果有，那么他究竟比其他领导做得好在哪里呢？他是如何进行领导的呢？对你来说，什么是好的领导呢？

你可能会和大多数其他人给出一样的答案，这位老板"能够给予鼓励和挑战，设定清晰的目标，明确边界，能够根据不同的人进行调整，愿意倾听，给予信任，支持自己的员工，有远见，不拘泥于单个目标，给予自由发挥的空间和宝贵的反馈意见"。

笔者也听到过简短的版本："他给了充裕的时间"。

你也会给出相同的答案吗？你会说，这就是我想要的领导方式，但在实际工作中却很难遇到吗？

如果是这样，如何才能使这些优秀领导的崇高目标更有可能实现呢？

试想一下：领导是一个由几个具体和可操作的单独步骤组成的过程。这个过程应该是可重复的，最重要的是，它应该是简单的——因为世界上所有美好的事情都是简单的。如果要将众多目标概括为三个尽可能具体的主要目标，你的答案是什么？

很多人给出了这样的答案（见图1.1）：

1）设定明确的目标。
2）给予自由空间。

图1.1 好的领导必须简洁明了

3）及时反馈。

让我们假设，现在你正是一支团队的领导，那么你认为以上三点中哪一点最难实现？90%的读者会回答第二点（即给予自由空间）是最大的挑战。你怎么看呢？

接下来是一个很有意思的事实：在敏捷开发过程中，这一点同样是最难的部分。大家所谓的冲刺，正是自由发挥的时间。

1.2 我最棒的项目

请回顾一下之前的职业生涯经历。在众多参与过的项目中，哪一个是你心目中的最佳？不要过多地思考，而是让直觉决定：这个项目与其他所有项目有什么不同？您认为它最佳的真正原因是什么？我向很多人提出过这些问题，有公司董事会成员，也有项目运营团队。得到的答案是："我们拥有清晰的目标""这就是我们的目标""这是个不可能实现的任务""这是一个巨大的挑战""我们是一个小型团队""我们都非常投入""我们齐心协力""我们彼此信任""我们有自由的空间""我们承受着巨大的时间压力""我们已经取得了部分成功"，还有人说，"我们有十分充分的动机！"

如果你现在必须从长长的清单中选择一个标准，你会最看重哪一点呢？大多数人在短暂思考之后会选择信任，团队成员的相互信任，管理层对团队的信任，当然还有管理层对自己的信任。

最重要的成功因素是什么？我们的团队相信自己！

在相互合作过程中，信任显然是非常重要的东西。以信任为纽带的团队能够克服障碍，设法超越自己的目标，并做到乐在其中！

1.3 好的领导及团队信任

如果取得最佳表现的基础是信任，那么我们是否应该重点思考构成信任的核心是什么，以及如何有效稳定地建立起这种信任。这是很有意义的，对吧？

维基百科将信任定义为："对某个人或自己的……正确、真实或正直的主观信念（自信）。信任还包括相信相关行动的可能性和完成该行动的能力。信任的对立面是不信任。"

你有没有尝试过主动给予他人信任？我认为信任和动力是一样的。莱恩哈特·斯普伦格（Reinhard Sprenger）在他的畅销书《激励的神话》（*Mythos Motivation*）中给出了令人印象深刻的描述：当人们想要积极地产生动力时，总是会适得其反。创造动力的唯一方法是消除消极因素。对于信任而言，这自然意味着消除不信任。

当经理们按照他们所说的去做时，甚至是兑现了"可信度"较低的承诺时，我们总是用理所当然和正直来形容这样的情形。然而，如果这位经理确实做到了他所说的，即言行一致，那么他的管理就会变得清晰。我敢肯定，各位读者也认识许多高管，你更愿意与他们保持很少的（当然也没有私人的）社交联系，但你很欣赏他们的工作。当然，我并不是说冷酷无情是成为一名优秀经理的必要条件。它们是两种不同的属性，信任并不一定意味着同情。

当承诺或协议（对未来的期许）成为现实时，员工和经理之间可以产生信任。当然这也同样适用于经理对员工的期待。当员工信守诺言并言出必行时，经理会更信任他的员工。

而这正是"敏捷"大显身手之地：敏捷开发首先会创建一个框架，可以让团队成员更轻松地实现最初的计划。在这些框架条件下，目标变得更具约束力，其实施过程也更加现实。

其结果就是整个团队开始提供越来越好的结果，而这又给了团队更多的自信。一个更有信心的团队总是能更好地实现他们的目标，能够保证交付团队所需要的控制也更少，更少的控制意味着更少的不信任和更多的自由。经理们能够相信团队的产出，同时可以将时间投入到其他工作上，拥有更多自由的团队，工作也更有动力，能够创造出他们以前不会相信的东西，不断超越自己，形成一个高绩效团队。这就是不信任到信任的转变方式。

更少的管理＝更少的不信任＝更多的自由度

第 2 章
Scrum

日本科学家野中郁次郎（Ikujirō Nonaka）和竹内弘高（Hirotaka Takeuchi）在知识管理（Wissensmanagement）和组织发展领域的研究工作中创造了 Scrum 的基础知识。他们第一次在研发领域提到了 Scrum 一词（英语原意为橄榄球比赛中的争球）。他们想表达的是，凭借团队的超级凝聚力以实现共同目标，就像在橄榄球争球过程中能感受到的气氛那样。Scrum 团队，就像橄榄球队一样，是一种小型的、自组织的单位。只有目标方向由外部给出，团队将自己决定实现目标的策略和方式。Scrum 开发流程的真正发明者是杰夫·萨瑟兰（Jeff Sutherland）和肯·施瓦伯（Ken Schwaber）。萨瑟兰在其为匹特飞机租赁公司（Guinness Peat Aviation）负责的一个项目中引入了项目经理（Projektleiter）这一新角色。项目经理也是团队的一员，其角色本质上更像是一名主持人而不是经理。施瓦伯在 1995 年的"面向对象技术的高峰会议（OOPSLA）"上发表了第一篇关于 Scrum 的会议论文，其中他写道："Scrum 承认整个开发过程中的不可预测性"。他最初的关注重点在于如何开发出最好的软件，并同时考虑成本、功能、时间和质量。

Scrum 是常见的命令层次架构替代方案。在传统架构中，员工会收到精确的工作指示，而 Scrum 队伍完全依赖于自发的工作组织，不再有上级控制，取而代之的是一个共同的目标。员工们在一个跨学科的开发团队中承担各自独立的子目标。实现这一目标的先决条件是团队中有高素质的专家力量，他们从高层管理人员那里获得了必要的自由度，以充分发挥他们在知识和创造力方面的能量。Scrum 是基于肯·施瓦伯、杰夫·萨瑟兰及其他专家于 2001 年发表的敏捷宣言中提出的敏捷软件开发价值观（引用如下）：

1）人员及相互之间的沟通比流程和工具更重要。
2）工具性软件比综合性文档更重要。
3）与客户的合作比最初的设计更重要。
4）应对变化比坚持单一的计划更重要。

Scrum 承认开发过程的不可预测性。

2.1 软件和 Scrum

大多数软件开发人员都熟悉 Scrum 方法，它几乎在所有的软件公司中或多或少地得到了实际应用。在软件作为公司产品（机电一体化）一部分的公司中，软件开发人员总是和其他开发人员不太相同。因为他们没有开发有形的样品或原型，所以很难识别他们的工作进度或实际内容。给人的印象是他们总是最后一个完成交付，而且永远无法真正结束工作。他们总是经受着所谓的顶峰前效应（Vor-Gipfel-Effekt）：我们总是期望在80%的项目时间过后完成80%的工作，但要完成剩下的任务却需要付出额外80%的努力。到目前为止，所有试图将软件工程师整合到流程模型中的尝试均失败了，尤其是具有严格阶段划分和里程碑的阶段门模型（Stage-Gate-Modelle），理由是它过于僵化和不灵活，过于面向硬件及机械领域：硬件、机械设计所需的概念阶段大约为总时间的三分之一，实施阶段为三分之二；而软件则正相反。借助Scrum，软件社区第一次拥有了每个软件工程师都能认可和理解的有效方法，并且能够通过个人经验得到证实：简短的概念阶段、快速的具体实施和集成验证。定期沟通、短期结果可视化可以为各位开发人员带去取得实际进展的良好感觉，真正地把计划变化现实。Scrum模型也因此得到接受并迅速传播开来。同时这也带来了缺点，因为Scrum也被工具化了。出现的一些术语给人的印象是避免透明度和时间压力。一部分人将自己"封闭"了起来，将Scrum视作"圣经"。使用Scrum，你不必再拘泥于阶段门模型，你可以在所谓的冲刺中工作。在使用Scrum之后，规范将变得毫无意义，因为根据敏捷宣言，你无法根据定义来计划开发，因此无法预测最终会出现什么。一个好的产品是在"过程中"被自然而然地创造出来的，所以只需要让软件工程师一个人待着。

Scrum：每一个冲刺后都有可交付的产品。

作为回报，软件开发人员能每两周向整个开发社区提供一个所谓的"可交付产品"，即或多或少可销售的，具有一定成熟度的软件。这种结果使很多人达成了共识，因为以之前的经验看来，它确实带来了更具体的承诺。然而，这种和平共处并不是真正的突破。因为这种和谐更加封闭了软件开发者和其他开发部门之间的关系。有了敏捷宣言，这个"宗教"也获得了新的"圣经"。其最终结果是软件开发人员与开发团队的其他成员更加分离。

2.2　Scrum应用于硬件开发？

很多人认为，机械和硬件开发当然可以使用软件工程师的Scrum模型，而不再按照产品开发流程（PEP）阶段门模型工作。其论点很有吸引力：不再需要受到规范的骚扰。事实上，许多公司存在着一些强制性的过度规范要求。过多的规范常常会填满整个纸质文件夹，并且它们的创建通常与从设计说明书到开始量产（SOP）的过程一样长。这种隐藏的议程一直是产品管理和开发之间糟糕关系的导火索，并且已经存在了几十年之久。在许多公司中，一份设计规范包含所有竞争产品的标准总和，但还要做到性能翻倍，价格减半。此外，销售人员的愿望（不断变化，取决于在上一次失败的合同谈判中遗漏了什么），以及他们自己的想法被无序地收集在一个没有优先级的长长列表中，结果就是开发人员被抛到了项目的边缘地带。大家肯定都不愿受到批评，尤其是以缺乏动力或缺乏市场接近度为理由，但其背后却有着双方人员各自的无奈。

现在让我们观察一下软件工程师们是如何利用新的 Scrum 工具将自己从"泥沼"中解救出来的，而事实结果也证明了他们做得不错。他们在每个冲刺开始前对自己的工作进行优先级分类，在冲刺结束时审核自己实际完成的工作，并针对下一个冲刺调整切实可行的目标。管理层对这样的表现明显更加满意，也会给予更多的表扬和认可。机械工程师们对此并没有什么可反对的。

但真正把软件工程师从传统 PEP 中解放出来的是每个冲刺结束时不确定的"可交付产品"。那么对机械和硬件来说，如何在一个冲刺（软件工程师的冲刺阶段一般为 1~3 周）结束后完成模型的开发、构建及测试呢？这根本不可能实现啊！此外，在很多使用了 PEP 十年之久的老牌企业中都有这样的共识，它是开发工作的基础，是各部门之间的通用语言，是国际标准化组织（ISO）认证的基础，是由技术监督协会（TUEV）审核员审核并在周期管理报告中体现的具体内容。PEP 开发流程给人以安全感，并深深植根于公司开发流程的"DNA"中。跳出这样的模式被认为是不可能的。此外，敏捷宣言指出："Scrum 承认开发过程的不可预测性"（我们开发人员也一直这么说）。不幸的是，这在我们的市场上是不可能的："作为汽车供应商，SOP 对我们来说是神圣的，作为最终客户的产品制造商，我们的开发节点与展会日期息息相关。"

对于在机电一体化中应用 Scrum，还有很多不同的声音。

另一个论点则来自产品负责人。各种文献表明，他了解市场（客户的声音）、技术（产品架构），并且他是项目经理（负责质量、成本、期限）。掌握所有这些的人是非常罕见的。我们的产品太复杂了！总而言之：

1）短时间的冲刺并不适用于机电一体化。
2）PEP 已经使用了很长时间，在与它的竞争中很难占到上风。
3）不可预测性不能被接收——我们有固定的展会日期或客户的 SOP 日期。
4）在复杂的机电一体化开发环境中，产品负责人的角色不是一个人就能胜任的。

以上这些理由足够让人远离将敏捷开发应用于机电一体化中吗？

第 3 章
敏捷精神

在过去的三年多时间里，我们成功地实现了 40 多家知名公司和 100 多个复杂的机电一体化项目的敏捷开发，对前文的描述进行了有力的反驳。你可以在本书中读到一些非常成功的例子，在此我要特别感谢以下内容的各位行业作者们。

Scrum 的核心是迷人的，最重要的是它非常简单。如果你能意识到它会使成功变得更容易，那么你也一定会将它应用到机电一体化领域。

3.1 以冲刺为重点

敏捷方法的核心就是所谓的冲刺，它涵盖了团队从目标 A 到 B 的时间。你认为冲刺的理想时间跨度是多少？一周、两周、三周，更长还是更短？或者你认为"这取决于什么？"取决于工作内容的复杂度？而这正是区别所在。在这一点上，敏捷方法将我们通常的思维方式转变了 180°。敏捷产品开发将冲刺时间固定为两周。我们可以将复杂度同一个长度（两周）和深度（团队容量）固定的泳池做类比。每两周，这个泳池就会被当前的"复杂度"填满。

3.2 节奏的力量

现在请想象一下，一个团队在冲刺开始之前承担了一个"泳池容量"的开发任务，在两周之后检查他们取得的成果。团队收到反馈后会意识到，特别是在他们的第一个冲刺之后，他们没有完成计划中的所有任务。这种认知会影响下一个冲刺的计划。更新后的计划将在接下来的两周内再次实施，团队将按时开会以获得新的反馈。这次也不是一切都实现了，再次分析结果并更新和改进计划。这样，团队会实现稳定的两周周期的工作节奏。

敏捷的节奏——更快的成功，保持快乐和自信。

现在关键的问题是：你认为这种新的工作节奏会对人有什么影响？"你的计划能力会越来越好！""你能在较短的周期内获得更多更好的反馈！""你会变得越来越可靠！""你越来越意识到自己可以做什么！""你会对自己的计划承担更多责任！""改进的动力会增加""周期很短，失败的风险更小，每个冲刺都会更新信息""你敢于做事的勇气会增加！""团队将更加团结！""你将获得更多乐趣！"。以上内容都是我从那些在以敏捷节奏工作的团队中的开发人员那里得到的答案。

而这就是敏捷的目标。

敏捷将人们带入成功的节奏中，整个团队紧密地联系在一起。敏捷赋予开发人员更多的个人责任，使他们不断成长（见图3.1）！

3.3　让开发人员不断成长

图3.1　自我肯定能让人成长

随着开发人员的不断成长，他们能够创造出以前从未想过的东西。他们在每个冲刺过程中变得越来越自信。如果不努力跨出第一步，就永远不会进步。如果你问开发人员他们最大的动力是什么，他们会回答"创造不可能"。大多数开发人员之所以选择工程专业和研发工作是因为他们想要发挥创造力。作为研发经理，你所要做的就是将创造力引向正确的方向，然后让它发挥作用。这正是敏捷的节奏：设定明确的目标、给予自由、及时反馈。

敏捷化领导：

1）设定明确的目标。

2）给予自由。

3）及时反馈。

为了实现这一点，还需要改变两件事：

1）管理层必须发挥领导作用。

2）团队必须能够集中精力。

3.4　团队融入流程

敏捷产品开发能使团队进入良性节奏。他们不再需要考虑如何组织自己，如何设计管理报告以便能够继续平静地工作，或者如何委派责任。如果管理层想要实际了解项目的状态，他们会去查看项目团队的敏捷看板，这就是所谓的"goto Gemba"（去实际行动的地方）。

能够没有后顾之忧地工作，且专注于其核心任务的人会进入某种"状态"，会忘记时空的限制。时间压力和自由发挥之间的动态平衡来自于自主行动，当然这其中还有明确定义的引导。这样就能集中精力，取得成功。

3.5 管理层发挥领导作用

公司的领导风格各不相同，这取决于他们的个人经历、职业经验等。管理风格的范围很广，可以从"人盯人"（绝对控制）跨越到"放任主义"（不领导）。

典型的"人盯人"型领导对一切都了如指掌。他被公认为最出色的专家，最好的问题解决者，在他的技术领域是绝对的核心。很少有人能达到他的高标准。这会不断地给他带去认可、欣赏及不可或缺感。如果他休假了，所有项目都会暂停。相反，他在工作期间则早出晚归，总是元气满满地工作。在他向其他人解释任务和解决方案之前，他最好自己先做，因为无论如何他都不会认可最终结果的质量。结果就是这种领导形式意味着领导本人限制了他整个团队的发挥，他的领导风格限制了整个团队的产出。"放任主义"的经理对这一切的看法则完全不同：对他来说，自由是领导的最高价值。他会设定目标，然后让团队安心工作。"如果你遇到了问题，请告诉我，否则我会认为它一切正常！我的大门永远向你们敞开。"他为组织制定战略和设计概念，并不断进行培训。在这种领导方式下，团队会长期工作于没有指示和反馈的状态。但是，如果某次审查的结果与预期相差甚远，那么团队的挫败感甚至会超过"人盯人"型的领导。

在行业实践中能积极影响领导能力的唯一系统措施是这样的："我们送他去参加管理培训""我们给他请一位教练"或"我们把他换掉"，具体实施顺序亦是如此。根据我们的经验，好的领导往往是偶然的。

有些公司有关于出色领导的通用准则。读过这些准则的人都不会反对其中的任何一条。这些准则易于理解，唯独缺少一点：如何将其付诸实施？

让出色的领导成为现实。

出色领导的难点在于如何在"人盯人"和"放任主义"之间找到平衡。而这也正是令人着迷的敏捷方法可以发挥作用的地方：领导成为一个持续的过程，它能够定期创造机会，让出色的领导更有可能实现。

第4章
敏捷产品开发是如何运作的?

4.1 项目计划

在传统的项目管理中我们了解到：在项目开始时需要整理出所谓的工作分解结构（WBS）。工作分解结构将项目的整体复杂性结构化（可以类比对大象进行切片），可以显示出整个项目的工作包结构。每个单独工作包的复杂程度都低于整体的复杂程度。这部分工作的重点在于询问各个工作包的负责人："你需要多长时间？"这是一个非常棘手的问题：

研发是一片"新大陆"，因此没有计划可言？

不言而喻的信息是："我是一名开发人员，我正在探索从未有人涉足过的新大陆，我自己对其也可以说是一无所知。我如何对自己无法预估的情况做出承诺？我的承诺会带来什么影响？对此我感觉很糟糕，因为有人想通过我完全无法控制的事情来限制我。这很不公平。而这个人就是项目经理，我不喜欢他（并不针对个人，而只是工作中的角色）。我理解他，他需要向他的领导提交工作计划，这是他的工作，他要对此负责。但最后遭殃的却是我。这时他又会说：'开发没有按时完成，他们的工作效率太低。'这一点意思都没有，我怎么才能摆脱这样的处境？"

如果不指定具体的完成日期，这场拉锯战就不会结束。如果负责工作包的开发人员指定了一个足够久的日期，那么他将有足够的时间来真正完成它。但项目经理可能不会接受这一点，因此艰难的谈判开始了。如果开发人员调整的最后期限很紧张，那么他可以很快摆脱项目经理，但项目最终会以可怕的结局结束。因此，他选择了所有工作包中最复杂的一个，以它的大范围和创新性进行了争论，并凭借直觉中估计需要"九周"！

正确的答案应该是："我不知道，顾名思义，开发是不可计划的，并且在完成时就完成了（顺便说一下，这也在敏捷宣言中）。如果我给他这样的答案，我会很丢脸，会被认为不称职。如果项目经理勉强同意了九周的计划，让我一个人待着，那就最好了。哎，虽然我感觉不好，但我暂时摆脱他了！"

4.2 帕金森定律

帕金森定律于 1955 年 11 月 19 日发表于《经济学人》周刊："工作会自动扩张，填满一个人的全部可用时间。"（Work expands so as to fill the time available for its completion.）或者更简单地说："每个人工作所需的时间，就是他拥有的全部时间"。

让我们以刚刚估计的九周为例。你知道有哪些项目是在计划结束日期之前完成了？工作包是否提前完成了？无论是通过科学算法确定，还是从过去的统计值推导，或是简单地估算，它们都适用于最后期限定律：没有什么能在最后期限前完成！

帕金森定律：

"工作会自动扩张，填满一个人的全部可用时间。"

熟悉上述开发人员思维定式的项目经理（毕竟他自己也曾是开发人员）都会有一点自己的"小心思"：有明显缓冲的估计截止日期总比没有截止日期好。但有一件事是可以肯定的：这很没有意思。那么项目经理有什么其他选择呢？

1）他可以自己指定日期，并通过外部约束条件客观地证明其合理性。就像客户以既成事实面对供应商一样。那么开发人员对此会有多大动力呢？到最后他是否仍会辩解称这个日期从一开始就不现实？

2）他可以让开发人员自己计划。开发人员对自己的时间计划有多大信心呢？是否有足够的雄心壮志？又有多少缓冲空间呢？我们经常遇到的情况是，在适当的压力下较短的期限仍然可以实现！这就是为什么他更愿意设定最后期限，并允许开发需要更长的时间周期，并希望内心的不安会敦促他们按时完成。

截止日期的确定与开发工作的生产率密切相关：期限过短会导致无法实现承诺，期限过长则会使工作扩大。

4.3　学生张力定律

大家一定清楚考试日期在学生生活中的戏剧性。每次我们都决心准时开始复习，每天都做一点准备，以避免在最后时刻出现压力过大的情况。而这只是理论，我们只有在截止日期面前才能全神贯注。

那些成功将全部考试内容分成若干部分，并安排在一个现实的时间跨度内复习的人，避免了在最后时刻（无法实现目标时）肾上腺素的激增。因为最后时刻的专注和原本积极的紧张氛围都只会转变成纯粹的恐惧感，而恐惧会消耗精力。

有些人则设法将截止日期的激励作用分配到几个阶段，从而获得稳定的持续驱动力，而这正是敏捷中的冲刺节奏。

4.4 冲刺时长

就开发工作的持续时间而言，估计值与实际值之间是否存在相关性？在一项针对500多个项目（包括产品预研、量产和后期维护）的研究调查中，开发人员被问及他们需要多长时间才能完成一个工作包，并将该估计值与实际值进行了比较。结果发现了惊人的相关性：在14天内，估计值与实际值之间的一致性程度呈线性下降的趋势；14天后，这种偏差甚至不再是线性的，而是指数级的。显然，人脑在14天内处于最佳状态（见图4.1）。

大家都知道天气预报的作用：你可以向气象局询问14天以上的天气预报。天气预报中精确的温度值只是最高、最低气温的平均值。他们甚至可以使用混沌理论来计算这个值。

随着时间的延长，个人对之前承诺的责任及亲自为之努力的意愿会显著降低。对两周工作量的估计具有更实际的价值。

我相信很多事都是在不知不觉中发生的。据说意识的处理速度大约是15bit/s，即可同时处理嗅觉、味觉、听觉等15种左右的信息。而我们的潜意识处理信息的速度能达到意识处理

图4.1　最佳的冲刺时长：两周

速度的100万倍。一个极端的例子是自闭症患者斯蒂芬·威尔夏（Stephen Wiltshire，"人体相机"），他第一次乘坐直升机飞越罗马和其他城市后，就能够在短短三个小时内画出每一个细节。

当信息涉及图像时，大脑向我们的潜意识传递信息的能力会更强。我们喜欢的目标图像，即我们可以快速与之建立积极关系的目标图像，能够以非常快的速度"滑入"我们的潜意识中。我们在每个"岔路口"的决定和选择都会下意识地指向使有吸引力的目标图像成为现实的方向。

显然，两周的估计对大脑更"友好"，这是与传统项目管理的差异。不是根据任务的复杂程度来调整时间范围，而是设定一个固定的两周节奏，并根据这个固定期限对完成度进行调整。在敏捷项目管理中，这称为"时间盒"（Timeboxing）。

两周的冲刺时间是"大脑友好型"的。

这正是敏捷方法将问题反过来的原因。不再是："你需要多少时间？"而是："你希望在 14 天内完成什么？"

通过改变思维方式，即远离常规的质量、成本、期限（Q、K、T）"百慕大三角"（这三个维度均是可变的），缩短其中一个维度，可以带来巨大的压力缓解。释放的精力可以用于实现更有意义的事情。

这是根本性的变化。团队通常需要多次冲刺才能进入新的节奏并直观地去实现。然后他们就会体验到如何利用释放的精力来取得更大的进步或更有创意的解决方案。

4.5 时间盒

以敏捷方式工作的人再也不会被问道："你需要多长时间才能完成这个工作包？"

这种差异是非常显著的，对非增值预估工作的注重已成为过去，开发人员花费在报告上的时间将会更少。时间计划不再是项目经理牵制开发人员的"恼人"工具，在过去它常常成为双方不信任的开端。

对非增值预估工作的注重已成为过去！

以两周为时间间隔（大脑友好）反复设定自己目标的开发人员，会在一个又一个的冲刺中确认自己的计划。当人们发现"我能够实现我设定的目标"时，他们在精神上会变得更加强大。同时，团队的整体判断能力也会不断提高。这就是敏捷的基本成功效应之一。开发人员会越来越能意识到他们可以实现什么目标，这也意味着他们越来越了解自己，他们的自信心得到加强。越自信的人越勇敢，他们能够更好地评估风险，并对他们所做的事情承担更多的责任。而这反过来又给了他们更多的行动自由。他们在行动中获得了乐趣，也更容易取得成功。一旦人们进入这种成功的"漩涡"，就再也不想以其他方式工作了。

4.6 团队的变化

想象一下，一个团队第一次开始在时间盒模式下工作。团队成员有两周的固定自由时间。他们确定了他们想在本次冲刺中想要实现的目标，并将它们贴在敏捷看板上，然后全身心地投入到这两个星期的工作中去。最后，他们将结果与计划进行比较。然后他们意识到：完全偏离了"轨道"。敏捷教练会安慰说:"还不错,大家的第一次都差不多!"并激励团队进行下一次冲刺。两个星期之后团队成员再次发现,他们仍旧没有完成所有的事情,但比之前有了进步。第三次冲刺则会做得更好,以此类推。

当预估能力有了进步,这对开发人员会有什么影响?

我曾问过10000多名之前从未使用过时间盒模式工作的人这样的问题:"如果团队每两周为自己设定一个目标,然后将实际产出与预估目标进行比较,整个团队会培养出什么技能?"得到的答案总是:"预估的能力"。下一个问题是:"你认为这会对人产生什么影响?"令人惊讶的是,即使很多人都没有接触过时间盒模式,也不知道敏捷团队的工作机制,但他们都回答说:"他们会变得更加自信,拥有更多的信心;他们会变得更加勇敢,表现得更好,并越来越多地兑现他们对上级的承诺。"这会引发连锁反应:上级会更容易地给他们更多的自由。这也意味着更多的信任,大多数人都希望自己配得上这份礼物,他们会为此而努力工作。最后,这将带来更多的成功,更多的乐趣(见图4.2)。

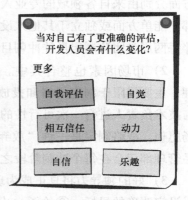

图 4.2 更准的评估=更好的自我认知=更多的自信

4.7 敏捷开发的三个角色

4.7.1 产品负责人(产品负责人团队)

敏捷方法中的一个新角色是所谓的产品负责人。他们负责市场需求(市场)、产品架构(技术)和项目管理(项目)。在大多数公司中,市场需求由产品经理定义;对于技术(产品架构),许多公司设立了所谓系统工程师的职位;而项目经理负责 Q、K、T。

在工业实践中,很少有个人能满足这种广泛且深入的要求。出于这个原因,我们从单个产品负责人发展出了产品负责人团队(Product Owner Team,POT)。POT 包括产品经理(市场)、系统工程师(技术)和项目经理(项目)(见图4.3)。

得益于"产品负责人团队"的想法,公司内部紧张的状况有了明显的缓解:三个角色都不必担心自己资质不足或资质过高,也不再需要寻找一个"极端的适任者。此外，不需要设立新的职能部门，更重要的一点是，不必更改组织架构图。

将传统项目经理的角色扩展为产品负责人团队具有三个优点：

图 4.3　产品负责人团队由市场、技术和项目人员组成

1）项目经理不再是一个人在战斗，项目管理是一个团队中的工作。市场、技术和项目三个方面分别由来自各领域的专业人员负责。任何人都不能单方面或独立于其他人设定目标。三位伙伴每两周为团队制定最佳冲刺目标。

2）市场因素也整合其中。在大多数企业中，市场的积极作用，即产品管理，主要局限于制定规格和投放市场。在敏捷模式下，市场负责人每两周就会与技术负责人进行一次可行性的"碰撞"。因此，不会再有一长串无人问津的市场愿望。战略制定是一种"放弃"的艺术，而敏捷使这一点变得非常具体：产品管理部门会在每个冲刺阶段之前对所有待完成事项设置优先级。

3）好的领导力将真正成为现实。如果好的领导力本质上由三个步骤组成：①设定明确的目标；②给予自由；③及时反馈，那么这 3 点正是敏捷所包含的内容：系统工程师要学会清晰明确地制定目标（什么？），以便团队能够承担起实现这些目标的责任（如何？）。这会让他腾出时间，利用自己宝贵的能力为多个团队服务。

三位合作伙伴每两周"博弈"一次，以获得最佳的冲刺目标。

4.7.2　团队

无论项目的内容和目标如何，团队的规模都是由团队的动力决定的。如果仅从会议安排来看，规模过大的团队就很难组织起高效的会议。此外，团队还容易分裂成多个子团队，并由非正式的子项目经理负责。而另一方面，规模太小的团队不仅能力不足，而且缺乏产生创造性解决方案所需的意见多样性。因此，一个团队至少应由 5 人组成，最多不超过 8 人。

我曾对公司各个层级的同事，从具体项目团队到公司董事会层级，提出过以下问题："团队中绝对需要谁才能确保这个团队无法正常运转？"而答案总是在几秒钟内出现："老板！"

请再冷静思考一下这个问题。如此直截了当的回答总是会伴随着欢快的笑声，尤其是在场的老板们的笑声。我相信，世界上所有的人都知道，团队中的老板会妨碍团队承担全部责任。

现实情况是什么样子的呢？你知道有哪些项目没有项目经理吗？我的意思是，故意没有项目经理！一个项目需要项目经理，这已经成为行业中的共识。如果项目进展不顺利，管理层会首先求助于谁？为了挽救一个项目，你会试图加强哪个角色？当管理层意识到需要采取激进的措施来纠正项目时，谁又会被替换？

一个特别优秀的项目经理具有哪些特点？他对项目负责，100%认同自己的项目。他对项目目标充满热情并全情投入。那么，在一个由8人组成的团队中有这样一位理想化的项目负责人存在时，团队会怎么样呢？

大家都知道："团队中最好没有领导！"

你一定熟悉这样的情况：团队坐在会议室里，没有老板在场，每个人都十分专注地讨论，以找到解决方案，每个人都参与其中，用肢体动作配合语言沟通。解决方案被画在活动挂图上，每个人都渴望进一步完善其他同事的想法，这是一个高度活跃的流程。突然门开了，老板走了进来。这是一位好老板，他并不想打断大家的讨论，他只是打算倾听，并表现出关注。这就是为什么他非常有礼貌地、安静地走到桌旁，坐在一名团队成员旁边的空椅子上。他面带微笑，轻轻地点点头，因为他感觉到整个讨论进展得很顺利。那么刚刚还高度活跃、极富创造性和建设性的讨论会变成什么样呢？"呃，也许我们应该快速给老板回顾一下？"或者"是的，我们正要休息一下"。又或者，大家继续着之前的讨论，但专注度已经下滑到了原来的50%。这是为什么呢？

因为有人走进了房间，他的额头上无形地纹着责任。这就是有关"责任"的普遍现象：一旦一个群体中的某个人承担了更多的责任，其他人就会失去责任。

责任是高度敏感且无形的，它可以光速建立和分解。敏捷管理能将每个团队成员的责任感提升到一个更高的水平。而正是这种全新的方法，让我们能够在许多工业企业中取得巨大成功。

团队必须摆脱任何形式的领导，包括非正式领导。但是大家都清楚：如果项目经理离开了团队，通常就会出现非正式的团队领导。他会很高兴担任这个新角色，因为他看到了自己的职业机会，并且更加致力于此。管理层对此表示欢迎，团队成员通常也很容易接受这一点。多年来习惯了被领导的团队，最初会陷入一种无助，并希望有人能做出决定。有时，团队会自发地推举一位初级的、非正式的团队领导担任这个角色。

每个团队成员都应承担更多的责任。

敏捷教练的作用就是防止这两种情况的出现。他的目标是提高每个团队成员对责任的接受度（见图4.4）。

图4.4 真正的团队成员总是齐头并进

4.7.3 敏捷教练

在我看来，"Scrum Master"这个名称对敏捷教练来说是一个误导性的术语。当你听到 Master（大师）这个词时，你会想到什么？没错，这不应该是敏捷教练的角色！敏捷教练是完全中立的。简单总结：敏捷教练既可以做敏捷，也能够做指导。

1. 敏捷（"硬件"部分）

敏捷教练掌握在各种专业情况下应用敏捷方法的技巧，特别是在项目的初期阶段，他会与所有项目参与者一起定义 POT 及团队中的新角色。他可以使这种方法适用于大大小小的各种团队。他能够把敏捷的原则传递到分布在全球各地的团队，也可以将该方法适配于并非所有团队成员都能完美胜任的团队。敏捷教练拥有定义待办事项的经验：使用何种规则来定义待办事项内容？如何将待办事项细化？如何确保真正实现优先级排序？

当在机电一体化产品开发中引入敏捷时，敏捷教练要有评估硬件、软件和机械结构之间关系的能力。他与 POT 及团队成员一起设计敏捷看板。对他来说，重要的是看板内容条理清晰且具有视觉吸引力。当团队成员来到看板前时，看板应该非常吸引人，让人感到工作的乐趣。在整个方法的众多措施与内容中，他专注于三个重点：冲刺计划中的承诺、日常工作中的乐趣、周期回顾中的反馈和流程优化。

2. 指导（"软件"部分）

敏捷教练应该有能力，最重要的是，他有让其他人变得更好的愿望。一位真正优秀的教练不会限制自己。他善于自我反思，并能意识到自己何时无意中脱离了自己的角色。他的信条是"助人自助"。好的教练一般不会直接给出建议，而是会给出提示、反馈或可能的解决方案，而决定权始终在 POT 或团队手中。这意味着，如果团队选择了某种无意义的方法，敏捷教练也必须接受对该方法无意义的解释。冲刺每两周结束一次，可以在回顾中进行调整。没有敏捷教练，就无法进行回顾总结。

应是敏捷教练，而不是 Scrum Master。

作为一名教练，他还需要能够保持耐心，尤其是对待那些需要更多时间才能相信敏捷方法优点的人。特别是在引入敏捷方法的阶段，他可以扮演"小丑"的角色。一旦他意识到团队之外存在冲突或阻力，他可以化身成一名"自由的激进分子"，直接跨越所有层级界限，带来解决方案。

教练自身的任务也是结构化的。在敏捷看板旁边还有另一个标有阻碍项的看板。当每个冲刺结束时，都会在这里记录阻碍项。如果可以消除它们，团队就可以取得更好的成绩。敏捷教练的职责之一就是排除这些阻碍团队高效工作的内容。

一位敏捷教练（见图 4.5）：

1）不得是 POT 成员和团队成员。

2）对于 POT 和团队的专注度各 50%，双方都认为他是绝对中立的。即使细小的偏差（51%或 49%）也会导致整个项目"系统"瘫痪。

3）无权发布指令。他在项目中不承担任何与技术或内容相关的责任。相反，他只专注于两件事，即介绍敏捷方法和进行实际指导。

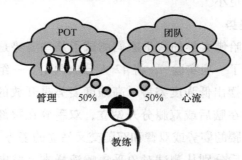

图 4.5　敏捷教练将管理带入领导层，将心流带入团队

3. 快乐激素

责任可以使人有不同的姿势体态、面部表情和身体的紧张程度，责任感可以连接神经细胞，激活突触，让我们释放内源性激素（见图 4.6）。

多巴胺	血清素	催产素	内啡肽
神经系统中非常重要的神经递质，在奖励系统中也起着非常重要的作用	大脑中的神经递质，对我们的情绪至关重要	能确保爱与信任，加强社会联系	可调节疼痛感，产生快感

图 4.6　当大脑产生这些激素时，我们会感觉很棒

一旦身边发生了让我们快乐的事情，身体就会释放出所谓的快乐激素，其中的主角是多巴胺。而多巴胺的众多影响之一是在大脑的奖励系统中。如果多巴胺经常释放，我们会感觉良好并变得更加专注。

当我们感到被某人吸引或信任某人时，身体就会产生催产素。而且我们知道，在高水平的运动之后，体内会释放出大量的睾丸激素，这就是我们产生支配感的原因。

这种情况不仅发生在体育运动中。个人或职业的成功也会有这种效果。你可能很熟悉当一项活动或某个问题的解决方案对你来说轻而易举时产生的感觉。没有什么可以分散你的注意力，你可以轻松屏蔽所有干扰。这样你就是处于所谓的"心流"（Flow）之中，感觉良好并且"处于自己的中心"。运动员或发明家总是在寻找新的挑战，这些挑战会给他们带来这样的幸福时刻。而经历过许多幸福时刻的人压力更小。

4. 激素与人体姿势

哥伦比亚大学和哈佛大学的科学家们测试了某些姿势是否会影响我们的心理和行为。他们进行了一项实验○，将 42 人分成两组。一组摆出两分钟所谓的高强度姿势，另一组摆出低强度姿势。高强度姿势是开放的、舒展的姿势，例如双臂高举，双手放在脑后或双腿分开站立，双手放在臀部；而低强度姿势是闭合的、内收的、弯腰的姿势或双臂和双腿交叉站立的姿势。

在测试之前和之后分别从测试对象采集唾液样本：摆出高强度姿势测试对象的睾丸激素水平平均增加了 20%，而睾丸激素是我们产生支配感的原因。相

○ http://journals.sagepub.com/doi/full/10.1177/0956797610383437（Stand：16.02.2017）。

比之下，应激激素皮质醇的水平下降了25%。而摆出低强度姿势的测试对象中，睾丸激素水平下降了10%，而应激激素皮质醇水平上升了15%（见图4.7）。

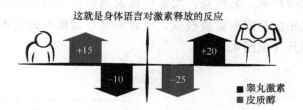

图4.7　精神和身体的影响是相互的

并且，科学家们还发现了并非由激素引起的差异。因此，测试后所有测试对象又都参加了骰子游戏。结果发现，高强度姿势的测试对象在游戏中比低强度姿势的测试对象更愿意冒险。显然，在涉及不确定性的情况下（如骰子游戏），人们在摆出高强度姿势后会更加自信。

4.8　敏捷流程

4.8.1　阶段规划

每一个冲刺周期都始于待办事项。为了概括出待办事项，POT需要对整个项目进度有一个总体了解，并明确未来三个月的具体目标。正如最佳的冲刺持续时长是两周一样，三个月时间已被证明是中期目标设定的最佳时间。三个月可以比作汽车前照灯的照射距离，项目团队可以用它驶过项目规划图中的里程碑。这个照射距离只能照亮未来三个月的"旅程"，在此之后团队需要一张新的"地图"——PEP，来完成剩下的旅程。团队将在三个月的恒定照射距离下行驶在这张地图上。新的里程碑会不时出现，而已经完成的里程碑则被抛在后面。

阶段规划——PEP与冲刺之间的桥梁！

阶段规划的创建是与POT一起完成最初的运营规划研讨会。阶段规划也是POT敏捷看板的组成部分，其内容写在纸上，并贴在看板最显眼的位置。在实践中，项目经理经常认为这种练习是多余的，他并不清楚这项工作会产生什么新的见解。毕竟，他早已安排好了整个项目，并通过电子邮件将时间表发送给了所有相关人员。所有的信息都在那里！

如果这项工作和POT一起进行，就会经常看到在场的开发人员代表额头冒汗。诸如"我变得十分紧张,实际上我不应该坐在这里,我应该抓紧时间工作"之类的话表明,该规划并未真正存在。对未来三个月的关注并将其可视化在看板上会产生更大的影响。突然间,大家会意识到整个项目不能如此按部就班地进行,规划的优先级急需调整或改变,或者需要申请额外的资源。决策的清晰度将得到显著提升(见图4.8)。

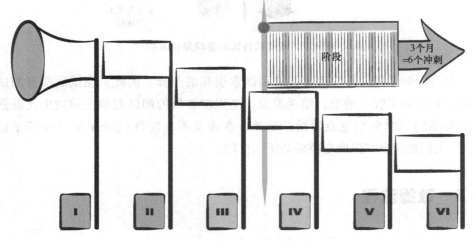

图4.8　阶段规划——PEP与敏捷并不互相冲突

阶段规划创造了恒定的"视野"。

此外,这种对未来三个月的放大视图能为下一个两周冲刺的目标提供坚实的基础。如果没有阶段规划,冲刺将会偏离预订的目标。

4.8.2　秘密会议㊀——冲刺待办事项

听到秘密会议(Konklave)这个词,你会想到什么?是的,白烟升起㊁。在这里指市场(M)、技术(T)和项目(P)三者达成的统一。POT负责概述,团队负责实施。一开始,"秘密会议"只在POT内举行,目的是在与团队讨论之前做好准备工作。M、P和T之间的共识非常重要,这需要自己的时间与空间。

㊀ Konklave,天主教选举教皇时的秘密会议。——译者注
㊁ 红衣主教选举有了结果,西斯廷教堂会冒出白烟。——译者注

那就让我们开始吧:基于两周的冲刺,POT 会在,如周一早上九点,在尽可能靠近产品负责人团队办公室的地点开会。对于这次会议,也就是所谓的秘密会议,没有 Outlook 日历中的邀请,不需要准备议程,会议室预订也不是必要的。因为它总是在冲刺开始的每两周的同一时间、同一地点举行。此会议也不需要投影仪、Excel 表格或任何其他 IT 工具。这很简单,讨论会在所谓的 POT 敏捷看板上进行,它可以牢固地挂在墙上,也可以铺在一个平面板上。在一些空间过小的办公室里,他们会在房间的一角安装带有铰链的由多块轻质面板组成的隔间屏风,它们可以像书页一样横向折叠,这样就可以将左右两块成 90°角的面板用于进行单独的项目。

敏捷看板通常有四列:第一列是"待办事项",第二列是"正在进行中的工作",第三列是"已完成",第四列是"已完成的定义"(Definition of Done,DoD)(见图 4.9)。第一列中的待办事项对秘密会议来说至关重要。

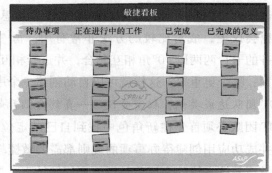

图 4.9　冲刺计划规则

待办事项列填写的是 POT 希望团队在即将到来的冲刺结束时获得的成果。具体来说,这意味着产品经理、系统工程师和项目经理在蓝色便利贴上写下他们想要的结果,然后将它们贴在看板上的待办事项栏中。以下规则已被证明对创建待办事项的内容很有用:

1. 结果

工作目标应该以具体且可衡量结果的形式表达出来。对目标进行的描述是一个典型的陷阱,最终可能导致多方人员的误解。理想的结果表述是简明扼要的,最好只有三个词。这也需要一些练习:歌德曾给他最好的朋友写了一封长达 40 页的信,并以这样一句话结尾:"对不起,这封信太长了,我没有时间把它缩短"。

完成一个好的冲刺待办事项的准备需要多加练习！

2. 工作量

所有工作目标的工作量都应该体量相似。太多的工作内容可分成多个较少的；过少的工作内容则应进行汇总。

3. 约 15 项待办事项

待办事项清单应该清晰易懂，最重要的是，它不应该包含任何实现愿望的限制或规范；描述的是"什么"，而不是"如何"。事实证明，将待办事项限制在 15 个左右是明智的，这个数量可以在目标内容的清晰度和内容的集中度之间取得良好的平衡。

4. 优先级

最后，我们要将这 15 个待办事项按重要程度顺序重新排列。

现在要发生的事情对许多公司来说是革命性的，是至关重要的。

由市场、技术和项目代表组成的团队必须就优先顺序达成一致。对于产品经理来说，这意味着要摆脱"一切都很重要"的思维。事实证明，特别是在第一次秘密会议上，成对比较的方法非常有用：每一项任务要写在两张卡片上，不同任务的卡片两两以 90° 角相互黏合，并进行相互比较。每一次比较都要找到一个答案：哪个更重要？这样就可以自动创建一个序列。

POT 团队达成共识：秘密会议——直到白烟升起。

POT 团队必须首先在新角色中找到自己的定位并相互建立关系。要做到这一点，并成功应用创建待办事项的规则都需要敏捷教练的支持。

由敏捷教练主持的会议总是以下列问题结束："从整体规划的角度来看，你们是否同意这份待办事项清单将使项目取得成功？"如果答案是肯定的，那么就可以紧接着进行下一步，即展开所谓的冲刺计划。

4.8.3 冲刺计划

假设现在是星期一上午十点半。秘密会议结束后，团队第一次在敏捷看板边上与 POT 会面。冲刺计划通常分以下阶段进行：

1. 第一阶段：讨论已经准备好的待办事项

在每个冲刺周期开始前，POT 将向团队展示准备好的待办事项。

团队成员则会问一些问题，例如"这个待办事项是什么意思？""你怎么知道这个待办事项和其他事项工作体量一样大？""包含文档整理工作吗？""你有没有考虑过功能安全？"

为了评估某单个待办事项的工作量，我们常常用类似服装尺寸（S、M、L、XXL）的表达方式给每个项目贴上标签。或是使用斐波那契数列（1、2、3、5、8、13……，每个数字对应前两个数字之和），又或者借助规划扑克（Planning Pokers）：团队成员需独立地使用各自的扑克牌评估单个待办事项的复杂性。借助这些评估工具，我们可以发现团队成员是否对实际任务存在误解，或者对开发所需工作有完全不同的评估。

最后，还要填入那些可能已经被 POT 遗忘的待办事项。最重要的是，从简单的开始入手。可以在后续的每一个冲刺中尝试对该方法进行改进。

没有团队承诺，冲刺就无从谈起。

这里体现的就是改进领导力的第一步——一定要记得："设定明确的目标"。

敏捷教练会主持这次讨论，以便 POT 理解团队的问题，并采纳相关的评论，以及更正 POT 的"蓝色便利贴"。否则，团队对预期结果列表的承诺可能会受到影响。许多 POT 成员习惯于给团队准备好深思熟虑的目标，然后便径直离开，而对这些目标的修改则将被视为批评和不尊重。

当然，如果准备好的待办事项列表中没有任何内容也会出现问题。敏捷教练需要调节其中的平衡。

在冲刺计划结束时，POT 和团队会共同接受一份通用列表，这是决定性的目标。

2. 第二阶段：团队能力计划

在第一阶段之后，POT 的待办事项清单随着团队的投入而发生了改变。

在一起查看修正后的待办事项列表时，敏捷教练会向团队提出下一个关键问题："那么，你们能做到吗？"

这可能听起来平平无奇，但在实践中，团队实际投入的精力总是会打折。在工业现实中，很少有团队成员 100% 投入到某个分配的项目中去，这完全是理想中的情况。

作为团队成员只负责单个项目：这很理想，并不现实。

当敏捷教练询问团队的可用精力时，每个团队成员都会查看自己的日历，看看接下来 10 天的安排。有人会说："第二周我只有 50% 的精力，而第一周我要休假。平均而言，我每天需要 20% 的时间去回答来自产品管理、生产、供应商等方面的各种问题。这样也就剩下四天的时间了"。对另一位团队成员来说，可能是六天，还有一位可能是五天等。将所有成员的时间加起来就得到了整个团队的可用精力了（见图 4.10）。

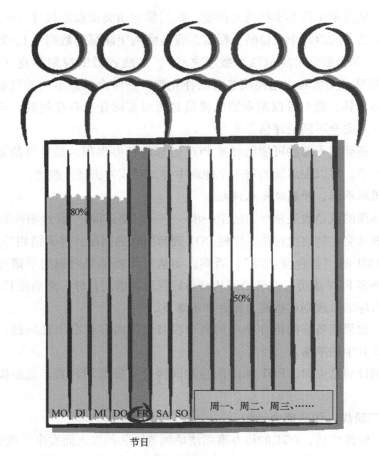

图 4.10　团队究竟有多少可用精力呢?

3. 第三阶段:"黄线"

每个冲刺周期内的高潮即将临近:考虑到团队的精力和新的待办事项列表,敏捷教练会将"敏捷套装"中的一支黄颜色的笔交给团队成员。某位团队成员会用它在敏捷看板上画一条划分待办事项的分割线,15 个待办事项中的 3 个将位于黄线下方,然后他会说:"如果一切顺利,我们仍然可以管理好这三个黄线以下的待办事项!"(见图 4.11)

当一个占主导地位的 POT 成员第一次听到这些话时,他们可能会喘不过气或是拿出速效救心丸。我们的一位敏捷教练曾经说过:"我必须牢牢抓住他的夹克!"这是全新的声音,团队拒绝实施!这听起来就像是破坏和拒绝工作!"警告"或"未经通知终止合作"的想法可能会短暂地闪过你的脑海。其他 POT 成员可能会想:"我没想到,敏捷开发会是这样的,以前的模式更好!我想回到过去!"

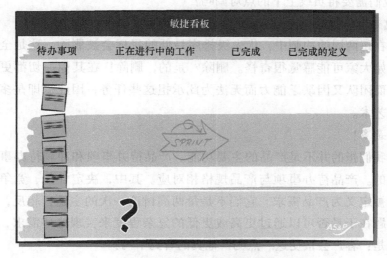

图 4.11 黄线:我们可以完成在此之上的内容

"如果一切顺利,我们还能完成其余内容。"

如果在第一个冲刺周期中发生了这一切,POT 将展现出非常严肃、近乎冷酷的神情,团队成员们则会把焦急的目光都集中在敏捷教练身上,而一个好的敏捷教练应该可以处理这个问题。

如果你没有勇气说"不",那你的"是"都一文不值!(库尔特·舒马赫)

那么这条黄线又带来了什么"好消息"呢?

1)团队意识到在可用的时间内可以做什么,这能够避免失望。

2)团队可以专注于他们认为可能完成的工作范围,并将自己从严重的超负荷状态中解脱出来("我们甚至不必开始,反正我们做不到!")。

3)团队在视觉上和身体上(黄色笔)都成了项目的主导人。这种象征性的行为体现也实现了敏捷的目标:团队的自决性。

4)团队将专注于黄线上端的待办事项。

5)团队目标的限制条件为"如果一切顺利"。这也意味着团队也可能"超额完成任务"。如果没有这条黄线,超额完成怎么能体现出来呢?

6)POT 也能专注于自己的工作。"对于黄线之上的内容,团队会全力以赴,黄线之下的内容则是我们的工作了"。

7)POT 可以根据黄线下的待办事项做出决定:

① 我们可以提高团队能力吗?

② 可以将它们推迟到下个冲刺吗？
③ 我们需要将黄线上下的点对调吗？
④ 这是非常重要的一点：我们能否直接删除这部分？

因为在每两周的冲刺中，优先级排序最低的目标会被删除。这是全新的做法。一开始大家可能感觉很奇怪。删除？是的，删除！在其他一切都更重要的前提下，而团队又因缺乏能力而无法为此承担这些任务，因此少即是多。战略是放弃的艺术。

少即是多！

这里我们指的并不是产品的主要功能。产品待办事项和冲刺待办事项是有本质区别的。产品待办事项与产品规格相对应。其中，决定性的、竞争相关的主要功能被定义为产品需求。它们不是每两周讨论一次的主题！相反，敏捷所讨论的问题在于是否可以通过更高或更低的复杂程度来实现这些需求，而更重要的问题是：客户会接受这一点吗？他真的看到了吗？

我们要如何利用现有的团队能力达到最大的效果？

4. 第四阶段：点赞仪式（见图4.12）

当这个仪式结束时，共同制定冲刺计划的过程将以一个具有象征意义的仪式结束。所有团队成员和POT成员就即将到来的两周冲刺的工作内容签署协议。每个人都竖起大拇指，看着对方的眼睛片刻，用非语言的方式询问对方的真实意见：这是表达反对、担忧或者怀疑的最后机会。

如果这一点得到确认，每个团队成员都会假设其他每个团队成员都会像自己一样专注于冲刺目标。此外，在POT的眼中，团队质疑的眼神让他们确信，在周中他们不会遇到变更或是得到全新的工作目标。

在这个点赞仪式之后，出色领导的第二步就开始了：给予自由！这是敏捷的本质：实现好的领导中最困难的一步，给予团队自由已经是敏捷不可分割的一部分。我们不能忘记这一点。冲刺就是团队自由发挥的舞台，而现在一切正式开始。

图4.12 点赞仪式

从现在开始，团队就要完全依赖自己了。POT离开房间，门砰地关上，团队成员们在屋里深吸了一口气。你能理解他们的感受吗？"呜呼，他们终于走了"及"现在是时候集中精力"的混合氛围充斥其中。毕竟团队做出了承诺，希望在两周内处理完待办事项。当然也许可以完成更多。

5. 第五阶段：团队敏捷看板

名为"自由"的礼物总是伴随着相应的义务。团队需要建立一个类似POT一样的敏捷看板。在这块团队敏捷看板上，POT提出的待办事项（蓝色便利贴）以 $1:n$ 的比例分解为实现冲刺目标所需的开发活动。为此，团队常使用黄色便利贴。

所有这一切都在没有POT的情况下发生，因为团队敏捷看板代表着团队的"私人"领域，没有POT成员的一席之地。唯一允许在那里的人是敏捷教练。这个团队敏捷看板的目标是在团队内部最大限度地提高个人责任。这意味着团队要学会自我组织。只有这样，团队才能而且将会对自己的承诺承担全部责任。

4.8.4　每日站会

对于每一位敏捷教练来说，每日站会是敏捷实际取得成功与否的关键指标。每日站会一定要非常有趣，以保证所有参与者都对它有所期待。

每日站会最初需要一些练习：较长的会议时间通常会缺乏连贯性和效率。此外还会产生一个危险，即不是所有参与的人都能够直接从讨论中受益，因此有可能退出。如果有人缺席，纪律就很难维持。因此，使站会的时间保持为 15min 是十分重要的（见图 4.13）。这段时间足以让每个成员能够告知其他人他们是否可以实现各自的目标。如果确定需要进一步的深入研究，团队成员会立即安排后续会议。只有对解决方案真正重要的人才会参加。

图 4.13　每日 15min——任务清晰

每日站会——每个工作日的亮点。

敏捷时钟有助于完成每日站会，由敏捷教练把控使每日站会维持在 15min，每人的发言时间 3min（由沙漏来定时）。POT成员通常不出席每日站会，除非在特殊情况下，作为一名沉默的观察者，又或是被明确邀请来协助团队工作。

敏捷教练需要确保每个参与到这种高度敏感会议中的成员感到自在。例如，如果有人走到敏捷看板前，将一张便利贴从"正在进行中的工作"（Work in Progress）这一列中取出并贴在"已完成"（Done）列中，那么他在那一刻就为团队完成了一些事情,他们成功实现了自己的目标。任何人都可以看到这一点。这可不是一件小事,否则他也不会写在便利贴上,因为这有不成功的风险,可能会让他自己难堪。你可以通过他的姿势、面部表情和精神状态看出他已经成功了。这是一种很好的感觉,他想再次拥有这种感觉。团队中的其他人也经历了这一刻,并想:"哇,那真是太好了!希望有一天我也能像他那样站在那里!"

当然,团队中也总会有一些成员每天都承担了过多的任务。大多数时候,他们需要更多的发言时间来解释为什么自己无法完成某件事。

这些成员有两个选择:承担更少的责任并学会更好地评估自己;或者以更专注的方式度过下一次站会之前的工作时间。并非每封电子邮件、同事的每一个请求都必须得到满足。从每天在团队的站会中获得认可的角度来看,一天的工作时间就有了全新的价值。

真正的团队有更多的笑声。

如果这里有很多笑声,那肯定表明敏捷正在产生影响,并且该团队正在成为一个真正的团队。为了促进这一点,敏捷教练需要坚持主持站会,特别是在引入敏捷的初始阶段。

4.8.5 冲刺回顾——演示

14天后,将进行一次冲刺回顾,即所谓的演示(DEMO)(见图4.14)。这次演示具有类似小型开始量产(SOP)的效果。在演示中,团队将把结果首次呈现给POT。因此,这次会议的内容、形式和氛围比日常站会更加敏感。POT的领导能力将尤其受到考验,他们是否关注结果(是什么)而不是过程(如何做)?关键性内容其实是无形的:如果目标的实现变得更加重要,责任是否仍然由团队承担,还是POT成员会不自觉地再次承担?他们双方能获得的支持来自能解读现象背后深意的人,也就是敏捷教练。

图4.14 演示——对努力的认可

当大家可以看到或者甚至更好地直接接触结果时,冲刺的演示效果是最佳的。忠实于"到现场去"(go to Gemba)的原则,在原型设计实验室或测试大楼中进行演示是非常有意义的，在增加了清晰度的同时，还可以避免误解。

POT 成员必须能够给予团队真正的认可，没有什么比这更能激励团队了。任何通过指出成员们尚未完成的任务、没有取得的成果等思路来激发团队好胜心的想法通常都是错误的。他们甚至没有意识到这一点，只有在随后与敏捷教练的反馈讨论中才了解到这一点。

真正意义上的赞赏——最佳的激励方法！

4.8.6 回顾

当我在项目中问："什么对项目成功而言是最重要的?"几乎每个人都会回答："团队信任"。如果事实确实如此，那么必须问自己："我们如何才能真正确保建立起这种信任？"答案是："为信任创造机会"。当每个冲刺结束时，由敏捷教练主持的一小时回顾就是一个很好的舞台（见图 4.15）。

如果说敏捷为冲刺结果带去了更高的承诺，那么这也意味着团队中的每一位成员都比之前更容易受到期望的影响。

敏捷增加了紧张的气氛——回顾就是解压用的"阀门"。

敏捷会给人带来很大的成功压力，这可能会导致有时成员们会以口头的方式表达紧张情绪。回顾就为这些紧张气氛提供了一个出口：

图 4.15　回顾：团队和流程改进

在这里人们可以认识到这些问题并加以解决，从而找到解决方案。在最好的情况下，误解可以被揭露出来并快速轻松地消除。

反馈

反馈是我们对当前或刚刚结束的情况的积极和消极的表达：什么是好的？什么是坏的？这在开发环境中，针对有科研背景的人尤其常见。这些人通常特别理性、有逻辑、非常精确且相当挑剔。

具有明显挑剔取向可能会导致在技术高度复杂的任务中出现极端情况。在最好的情况下，团队能够创造出具有最高性能和独特卖点的产品，具有无与伦比的竞争力。

但这种有条理的人很容易陷入负循环，彼此消耗能量。那么反馈就是极其危险的！它可能给个人带去伤害。

定期的反馈会议很重要，但也有可能成为雷区，这正是它们不可小觑的原因。基础的反馈规则有：

（1）从积极的内容开始　开始阶段是最重要的。以积极的鼓励作为"热身运动"的开始。从最能散发正能量的团队成员开始。

（2）反馈"汉堡"　用积极的内容搭配消极的。

（3）反馈会议阶段　从整个项目中了解到的内容也同样适用于单个会议，它经历了四个阶段：①规范（Norming）；②形成（Forming）；③风暴（Storming）；④执行（Performing）。如果你意识到关键的风暴阶段之后是执行阶段，你可以保持更加自信。你所要做的就是等待。

（4）"坐标平移"　所有的心理感受都可分为积极（正）和消极（负）两类，如果将横坐标（x 轴）放在两者之间，然后将零线向下移动，那么就不再有"负"和"正"，而只有"正"和"两倍正"（见图4.16）。

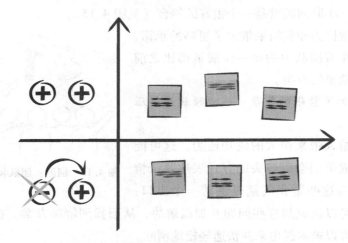

图4.16　通过"坐标平移"来获得正反馈

我认为，视角的转变是至关重要的。毕竟，讨论消极方面的意义何在？我们总会有意无意地寻找责任人，而这会带来距离感和受伤害的风险。尝试一下，如果把注意力放在建设性的解决方案上，团队会更容易前进。

在演示结束后，团队还会进行一个时长一小时的回顾审查。它由团队反馈和流程审查两部分组成。

1. 第一部分：团队反馈

在这个环节中，敏捷教练会提出类似这样的问题："你有什么是想要感谢团队中的其他成员的吗？"

通常这会带来长时间的沉默及困惑的表情。大家心中都是这样的想法："现在是什么情况？"和"我想离开这里。"

正念训练："我要（对某人）感谢什么？"

敏捷教练不会主动打破这种沉默。因为他知道，这一刻的沉默意味着接下来的答案会更加深刻。许多人都不习惯去思考这个问题，尽管他们与一些同事共同工作了很长时间，在一起的时间甚至比自己的配偶还多。这个问题"我要（对某人）感谢什么？"是如此的不同。但每个人都能在沉默片刻后找到答案，而组织语言和将答案说出口则是另外两个步骤。

如果这样的团队反馈每两周进行一次，就一定会产生积极的效果：

1）在反馈过程中，团队成员使自己能够更仔细地观察一起工作的人，并更用心地感知他们。

2）如果你将注意力集中在上一个冲刺中与你一起工作的人身上，你总能在他们的行为中发现积极的一面。这些积极的记忆画面会被放大和定格。与人相处的积极经历可以加强人际关系。

3）能够发现积极的方面，并定期与他人交流的能力不仅适用于每两周一次的回顾。大家渐渐发现给予他人认可变得越来越容易。而那些乐于给予更多认可的人，自己也会得到更多认可。

这个练习一开始看起来有些做作，但是并没有关系。即使是措辞有些尴尬的表扬也会产生积极的影响，只要它是真诚的。

这种效果的原理有着专业科学的研究：我们的大脑不能总是区分现实和虚构。例如，有所谓的笑容训练师，这些人会在训练开始时给你一个枯燥的、结构化的论文，讲述在大笑时体内发生的激素变化和肌肉动作。然后他们进行练习，训练笑时的肌肉、身体姿势和面部表情，但这期间不包含任何快乐。重复这些练习会让你在没有任何真正幽默的情况下笑得停不下来。最初的假笑会发展成一种真实的情绪，并释放快乐激素，让正能量在体内流动。

那些给予更多认可的人，自己也会得到更多认可。

敏捷教练的任务是有条不紊地拉近团队成员之间的距离，形成一种让团队更紧密合作的关系。

团队反馈使成员们变得更加专注彼此。他们对彼此有了更多的认识，从而获得了更好的感知和表达感情的能力。对大多数人来说，来自团队中的真正认可所产生的能量要比金钱或出众的公司基础设施更有价值。

2. 第二部分：流程审查

第二部分是流程审查。重点是让团队直观地了解他们过去两周的工作情况，其中哪些流程加快了开发进度或提高了产品质量？

以下问题我们从团队那里得到了非常热情的回答："你在不考虑现有流程的情况下做了什么？"甚至可能是："你是如何故意绕过流程的？"

你知道"抹布项目"：当老板来时，将抹布放在产品样品上以隐藏它。并非由管理层委托，而是团队自身想要完成的项目会受到最多的关注。为什么？因为"禁地"总是有着特殊的吸引力。

开辟新天地的人总是能保持头脑清醒。

顺从地按照预定流程工作的人很少能取得最佳绩效。允许团队故意"超越"规则的领导方式是最具激励性的。不走寻常路的团队更加专注，并原意更多地承担个人责任。因此，成熟的领导更应该选择接受道歉，而不是事先给予许可。

而这其中的风险也是有限的：回顾每两周举办一次，它可以充当经验教训研讨会。错误会得到修正。此外，这个流程自身也在每两周的迭代中改进。采取频繁的、切实的、较小的步骤，比一些无法实施的大步骤要好得多。不断优化自己，将行动掌握在自己手中的团队将逐渐成为高绩效团队。

4.9 经典问题

4.9.1 敏捷适合哪类项目？

敏捷的主要作用是增加团队的责任心。具有明确目标、给予自由和及时反馈的良好领导方式是实现这一目标的先决条件。通过敏捷看板实现透明度、日常定期沟通及通过回顾持续改进是达到目的的手段。这些框架条件可以在任何类型的项目中实施，所以在具有高度创新性的新技术开发中，在新一代产品的开发中，在基于平台的应用开发或者在大批量产品维护的任务中都能一显身手。有了上述认知，之前的问题也就得到了答案：当几个人一起工作时，敏捷总是合适的（见图4.17）。

这个方法本身和它的使用都很简单，并没有什么神秘感。它也不需要任何特殊的框架条件，除了一点：使用它的人必须能够自己决定是否需要这样做。

4.9.2 敏捷只适用于全职团队？

关于敏捷的众多神话之一是，该方法仅在团队从并行任务中解脱出来时才有效。因此，只有当人员100%专注于某项目时才能使用敏捷。

图 4.17 敏捷并不依赖于项目类型

有研究表明，参与并行项目的开发人员可以实现其 80% 的生产力，因为样品、测试或其他供应商的原因总是会带来一些等待时间。通过两个项目，开发人员可以 100% 充分利用他的宝贵时间；如果有三个项目，生产率值会下降到 60%；如果有四个或更多项目，生产率值就会下降到 30% 以下。

有些人把它比作爱情：当你爱上一个人时，他会得到你的全部关注。如果你爱上了几个人，虽然这本身在逻辑上让人难以理解，在某些时候，过度的愉快会变成压力。

敏捷更适合全职团队。

当然，敏捷与 100% 投入的团队配合更能发挥作用。在任何项目中，无论使用何种方法，最好都不要出现团队能力共享的情况。随着强度的降低，效果会明显变小，你不应该期待过多。但是，也没有合乎逻辑的理由可以将团队能力 100% 投入作为项目正常开展的绝对条件。没有任何理由可以阻止你开始使用敏捷。

在我们接触的绝大多数敏捷项目中，团队成员都同时处理着多个项目。在某个特定的项目中，我们甚至不得不接受八名团队成员只有 20% 的时间用于该项目。但是，项目成员并没有将剩余 80% 的时间用于其他项目，而是用于运营管理工作。针对这种情况，一方面需要将待办事项的数量减少到可行的程度；另一方面，在每两个冲刺之中的特定时段，将团队从管理工作中解放出来，争取将工作时间提高到 20% 以上。最终的结果：这个项目之前一直进展不顺利，而在使用敏捷方法之后，团队一直处于一个合适的紧张状态，最终的产出甚至超出了预期。

4.9.3 如何在两周内完成硬件？

我们要如何处理时间超过两周的流程？如果是软件的话，大家都拥有充分的应对经验。但如果是开发电子电路板或机械外壳，我们该怎么办呢？几个月的长期测试或工具订购等的时间问题要如何解决？

根据常见的工作分解（Work-break-down）计划，我们会分析交付物的不同完成度，然后确定各阶段实施所需的时间，这就是时间计划的来源。敏捷则相反，其时间基础是两周的大脑友好型计划期。

"可交付产品"是硬件开发的一个成熟度级别。

最终产生的开发成熟度应该代表一个尽可能清晰且可测量的结果。在 Scrum 中，这被称为"可交付产品"。在软件范畴中，其范围和期望都相应地缩小了，因此也更容易细化（非软件人员会这样认为）。而当谈到硬件和机械时，人们习惯于固定思维。这就是需要转变的地方：团队正在变得富有创造力，并意识到硬件不可能在七周后突然全部完成。相反，举例来说，可能两周时间内会有模拟仿真结果、由多个组件实现的某个功能、电路板上的一些集成组件或是带有后续 FMEA 的部分。对于机械外壳而言，可能需要在两周之后进行安装空间检查、重量或强度检查（见图 4.18）。

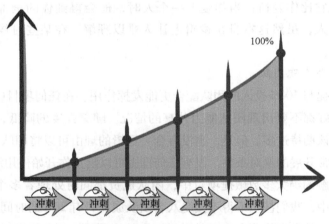

图 4.18　长期流程：每两周达到一个确定的成熟度级别

回想一下你的学生生涯：距离考试还有六个星期，你需要复习的考试资料大约有 300 页。这相当于每周要复习 50 页。在学完最初的 50 页之后，你是否达到了考试成熟度的六分之一？当然不是。但是你可以十分肯定，如果你在第一周只学了 20 页，那么考试会变得很困难。

敏捷的真正核心并不在于成熟度的划分，而是如果向团队及 POT 展示结果的过程十分有趣，创造了一种良好的气氛，并得到了认可，那么这一切就会激发新的创造力，并有助于大家重新思考新的时间盒原则。

4.9.4 干扰

如果在冲刺期间出现中断怎么办？如客户更改需求规格，团队存在严重的技术问题，POT成员或管理层突然有了另外的好主意？

如果客户在冲刺期间更改规范怎么办？

当汽车制造商们觉得他们的供应商无法按时完成任务、组织不善并且需要更多控制时，他们通常会进行干预。客户的输入打断冲刺开发节奏的概率非常高。

当客户意识到供应商通过敏捷方法重新取得了开发节奏的自我控制时，这样的问题通常会自行缓解。此外，还会带来另一个积极的"副"作用：客户的员工（在这种情况下是汽车制造商）经常与供应商直接接触，或者说开发团队会直接对接。有了"客户想要这样"的表达，开发团队中的任何"抵抗"都是没有意义的。在敏捷过程中，供应商的开发人员在冲刺开始时就对团队和POT做出了承诺。但是，待办事项无法预见这种从开发人员到开发人员的需求传递和变化。那现在怎么办？放弃待办事项，回归混乱？或者在接下来的每日交流中与团队和POT进行升级？当然，这种影响冲刺的变化需要直接告知POT，他们来负责联系客户，而团队则应继续专注于已提交的待办事项列表。否则敏捷方法的积极影响便无法生效。如果你现在认为"我们想要的敏捷是随时对变化持开放态度"，那么很不幸，你误解了"敏捷"一词。

敏捷并不意味着我们现在可以更频繁地变更！

任何不断为团队带去变化，或接受动态目标的行为都会消耗团队的执行能力及动力。反应性工作、重复性工作和不良开发都不是敏捷开发的对象，它们不仅会造成混乱，而且是效率杀手——敏捷无法改变这一点。

一旦POT成员而不是团队成员接管了与客户的联系，以下积极影响就会变得明显：

1）分析客户所做的更改：客户收到报价并决定是否物有所值。如果是的，项目的投资回报率会得到提高，而"悄悄"的改动也会变少。如果不是这样，那么不迅速做出反应才是正确的，当然这已经不那么重要了。

2）团队成员与客户之间不再存在这种可信但相互"勾结"的关系。未来，客户将通过POT选择系统路线。团队成员可以再次集中注意力在开发端，然后再由POT接管。这也是敏捷的目标之一——良好的领导力。

3)如果必须接受更改,那么就要调整待办事项。可以在本次冲刺中来实施更改,或者就是完全重置冲刺计划,然后重新安排待办事项。新的冲刺再次开始。保持承诺是很重要的:即使跌倒,也可以再次站起来,然后以相同的速度继续前行。

4.9.5 敏捷可以用于全球化队伍中吗?

当团队不在同一个地点工作时该怎么办?如果敏捷的许多积极影响都与员工之间的物理距离密切相关,那么是否意味着我们在这种情况下要放弃使用敏捷(见图4.19)。

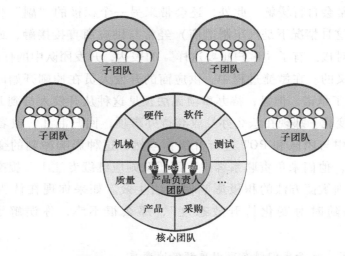

图4.19 在不同办公地点间实现敏捷

假设存在一个核心团队在同一个总部工作。此外,各子团队负责子任务,并定期将它们集成到整个系统中。在这种情况下,让核心团队与子团队的子项目经理或所有子团队成员在前三个冲刺期间聚集在一起是很有意义的,这一点也已经被证明是正确的。

核心团队和子团队保持相同的节奏。

在这个初始阶段,大家会一起了解新方法:待办事项、冲刺计划、日常工作、演示和回顾。大家一起设计POT和团队看板,一起找到新的工作节奏并更好地了解彼此。随着对该方法知识的共同积累和与核心团队更紧密的联系,子团队的团队负责人将回到他们原来的位置。理想情况下,他们都各自"配备"了一个敏捷"工具箱",该工具箱包含了与核心团队相同的工具(敏捷看板、便利贴、敏捷时钟、笔等）。在他们的所在地，他们将学到的工作方式转化为各自子团队的实战工具。在接下来的冲刺周期中，冲刺计划可以通过视频会议或其他 IT 工具进行。

4.9.6 必须有纸吗？有没有现代化的 IT 工具？

这个问题与敏捷看板和便利贴有关。歌德曾说过："没有人必须这样做。"最重要的是团队的决定是什么。

纸质看板还是互联网工具：

1）敏捷看板具有一定的大小，它限制了可以展现的内容。同时必须保证内容的清晰度能够做到一目了然。一份清晰的、贴在墙上的纸质敏捷看板比一个复杂的，或一个可以在多个屏幕页面上滚动的看板更能激励你去完成它。此外，屏幕会有一个开关，按下之后它就黑屏了，什么也看不到了。

2）便利贴要求大家手写，这具有个人签名的效果。"这是我的笔迹，是我写的。我要对此负责，这就是我。"

手写的便利贴带有强烈的个人签名效果。

3）每个冲刺周期中最重要的时刻就是达成一致的时刻，即对冲刺计划内容做出共同承诺。任何可以确保更好地做到这一点的工具都具有很高的价值。一些团队每两周都会使用带有便利贴的纸板。一旦通过竖起大拇指点赞确认承诺，他们会将内容输入软件工具中，如 JIRA、Trello 或 Kanban。

IT 工具的一大优势是可以对内容灵活调整和扩展，但这正是冲刺计划中承诺后应该避免的。当然，视频会议中的内容更容易在屏幕上阅读；我们还可以实现相关文档的链接，进行 Bug 跟踪或功能的编辑和集成发布。

4.9.7 小组或部门领导该怎么办？

研发人员通常会向组长报告。不过，这个"组长"并没有出现在之前我们对敏捷的任何描述中。鉴于敏捷的核心是提高 50%的领导力和提高 50%的团队责任感，那么团队负责人就必须在"领导"过程中发挥作用（见图 4.20）。

假设某项目涉及一个核心团队和几个子团队。在机械子团队中有五名来自机械开发领域的员工。来自 POT 的系统工程师（T）为核心团队制定冲刺待办事项。此外，他还有另一个身份，负责管理机械子团队和 POT 中的技术部分。在这种情况下，机械子团队在工作内容上是由这位系统工程师管理的。但是，机械组组长仍然对每个团队成员负有纪律和技术上的责任。纪律意味着他在假

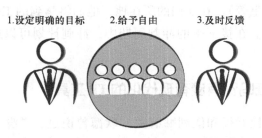

图4.20 中层负责人通过"良好的领导"来支持敏捷

期单上签字并确定工资;从技术上讲,他负责确保工作按照内部的"流程规则"进行。他负责团队成员能够使用正确的方法和工具,保证现有的标准得以实施,推动平台化和通用策略的实践。在实际工作中,这意味着:每当团队成员需要专业支持时,组长就在那里。组长自然希望能确保他的管理职责并可以审查项目工作的结果。但重要的是如何!责任必须留在整个团队中。优秀的敏捷教练会辨别字里行间的语气并提供反馈。

一个好的组长会让他的成员变得更出色!

在实践中,只有一种情况会对引入敏捷造成阻碍,那就是组/部门负责人习惯于微观管理,他们往往过于专注于自己手下职员的利用率,并同时将团队成员派往尽可能多的任务和项目中。

关于敏捷方法将消除中层管理的传言是没有逻辑的。任何曾经让他们最好的员工成为团队和部门负责人的人,都不会想要失去他们。正确地管理中层管理人员,并让他们在管理中支持自己的员工是至关重要的。为了实现这一目标,领导力必须尽可能简单:①设定明确的目标;②给予自由;③及时反馈。

4.9.8 敏捷会要求改变组织架构吗?

没有一家公司必须改变其组织架构才能使用敏捷。这个问题的答案是否定的,没有人能阻止你从明天开始使用敏捷。没有必要为了引入敏捷先创建组织架构,更无须为此更改组织架构图。

现存架构可以支持敏捷方法的引入!

然而,一些组织架构可以使敏捷方法的引入变得更容易。下面的案例应该可以清楚地说明这一点。

1. 案例1:经典的功能组织架构

销售、开发、生产、采购等负责人均设在管理层之下。项目组成员都是各个功能条线派出的"使者",来自所谓的部门孤岛。项目经理的位置在层级职能经理之下。

在这种情况下,大部分组织上的权力都处在项目的对立面:敏捷教练不仅要关心 POT 和团队,他的任务重点是支持经理以加强他们的项目管理水平(产品负责人团队),并使项目团队成员能够承担个人责任。

2. 案例 2:盈利中心

管理层之下是独立的、较小的创业单元和具有较强领导力的业务单元。各自的业务部门经理可以有条理地安排项目经理和团队。

在这种情况下,大部分组织上的权力都能够支持项目。但是,这里存在一个风险,即业务部门经理是"实际"的项目经理,并直接控制项目团队的成员。因此,敏捷教练必须有能力将客户的急躁和对权力的要求引向正确的方向。

敏捷教练可以增强团队的自我意识。

这只有在让业务部门经理意识到改变行为的好处时才有效,虽然这听起来比实际做起来容易。在为此所需的双方一对一讨论中,敏捷教练和经理之间必须建立牢固的信任关系。

3. 案例 3:呼吸型架构(见图 4.21)

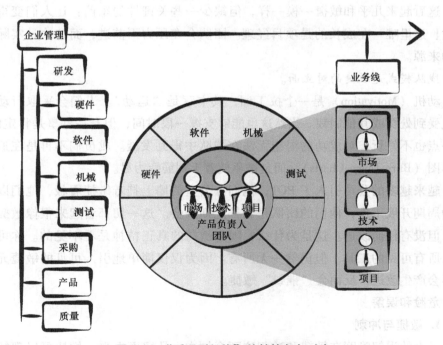

图 4.21 "呼吸型架构"的敏捷角色对应

呼吸型组织可以确保协作和市场导向之间的平衡。有趣的是，在组织架构图中，协作部分和市场导向是明确分开的：协作部分负责平台、模块、标准，且拥有执行资源。市场导向由能够获得财务资源的跨学科业务团队代表。两者具有呼吸型组织的特征，并在整个产品生命周期内负责各自业务线的项目计划。一个业务团队由少数非常称职的精英员工组成。当项目启动时，他们可以很好地利用资源（"吸入"资源）；如果发现资源能在其他项目中更好地发挥作用，他们也会立刻将其投入其中（"呼出"资源）。

业务团队具有哪些职能？本质来说有市场、技术和项目管理。领导敏捷项目团队的角色与POT相同。这些方法是对称的，这就是为什么它们之间可以相互很好地适应的原因。

4.9.9 战队和敏捷

在部分文献中，有时会读到敏捷是你在战队（Task-Force）模式下工作的一个简化版本。因此，敏捷是将战队模式的优势转换为工作常态。事实上：在战队中，项目经理（产品负责人）每天早上（每天）站在团队面前，并在活动挂图（敏捷看板）上记录谁在什么时候做什么（待办事项）。

这看起来几乎和敏捷一模一样，但缺少一些关键性的东西：让人们变得更强大！这里唯一在成长的是项目经理。团队会在压力下前进，而这才是实际动力的来源。

战队模式是敏捷的对立面。

动机（Motivation）是一个拉丁词，其本意是"运动"。人们会采取行动以避免受到处罚或其他制裁。当然这也能够支撑一段时间，但有一件事是肯定的：它一点也不好玩，对成功的渴望无法在战队中得到发展。成员们不再是在追逐燃尽图（Burn-Down-Charts），而是被驱使着干到筋疲力尽。

越来越多的公司引入了POT，他们办公室的墙上挂着敏捷看板，他们以冲刺为周期开展工作，他们的团队每天都定期开会。这一切都看起来很像敏捷方法，但没有任何改进。这是为什么？因为敏捷的真正精神是看不见的。你可以引入所有可见的工具，但仍然一无所有。因为仅仅简单地引入可见的敏捷元素并不会产生改进，反而会"摧毁"敏捷。

危险和误解

1. 敏捷与冲刺

最大的误解隐藏在敏捷和冲刺这两个词中。从字面上看，敏捷可以理解为活泼、反应灵敏、几乎随时准备就绪；大多数人将冲刺与在有限时间内投入比平时更多的精力的"冲刺"联系在一起。如果管理层建议项目团队引入敏捷，并通过几个冲刺来弥补已经失去的时间，这是对敏捷最大的误解。

通过几个冲刺来弥补时间？这绝不是敏捷！

团队中的每个人都知道这无法持续很久。失败是一定的。

冲刺实际意味着某种节拍。敏捷是产品开发的新节奏。在这种节奏中，冲刺是可以无限重复的节拍（见图4.22）。

2. 管理中的不耐烦

当采用敏捷时，需要POT花更多的时间来培养自己编写待办事项的能力。还有冲刺计划及POT和团队之间的共同会议，在刚开始时都需要更长的时间（与简单地下达指令相比）。一些领导们会变得

图4.22 "冲刺"一词可能带来误导，"节拍"可能更准确

不耐烦，认为在这段时间里工作不是会更好吗？但是，举例来说，在站会中进行管理干预是绝对不行的！这破坏了团队的隐私。这也许是干扰敏捷开发的最有效手段。

4.9.10 超大型项目同样适用敏捷？

如果一个团队超过10人，最多12人，那么要与每个人定期会面、做出个人承诺并因此让每个人更清楚自己的目标会变得更加困难。小组人数越多，形成非正式小组，"影子项目负责人"及发生沟通不畅的风险就越大。能量稀释——你被迫拆分团队。为确保子团队不会互相误解，必须建立跨团队的沟通。

为了协调多个团队，定义一个对团队有概览的核心团队是很有意义的。

汽车制造商通常在一个整车项目中雇用600多人。整车项目经理控制最高层的核心团队，每个成员分别负责车身（K）、电子（E）、底盘（F）、驱动（A）和整车领域集成（G），并拥有各自的组织架构。他们共同组成了一个所谓的KEFAG团队。在引入敏捷方法的过程中，整车项目经理在市场人员（"Mr. M"）和技术人员（"Mr. T"）的支持下，将变成POT（"Mr. P"）。由于整个项目过于庞大，以至于必须从整体项目到各独立领域（KEFAG），再到子模块（如：车身总成）及其组件（如：尾门）的多个层次上进行分解。

最上层是一个首席POT团队，他们在每个冲刺中与核心团队进行协调。在他们完成了引入冲刺的过渡阶段之后，其核心团队成员开始领导下一层级的冲

刺过渡,如模块级别,并逐级类推。图 4.23 所示为超大型项目在不同层级上划分敏捷团队。

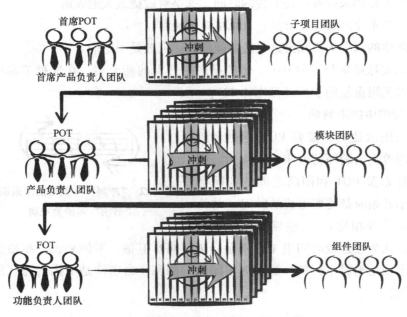

图 4.23　超大型项目在不同层级上划分敏捷团队

敏捷中的级联与经典项目管理的差别也不是太大,只是具备了敏捷的优点。这意味着问题在出现的 24h 内就能得到辨别,被赋予更高的优先级并将结果而不是过程通知到各个层级。

如何避免私信效应?

但是,为了避免由于多层级而导致的沟通不清晰或出现"私信效应",我们可以建立所谓的"捷径"。这里要求来自顶层的"Mr. T"或"Mr. P"在现场支持较低级别团队(模块、组件团队)的冲刺过渡期。这样可以更清楚地传达信息,避免误解并更快地做出反应。不但缩短了沟通路径,并且确保了所有必要级别的直接沟通(见图 4.24)。

实际上,在冲刺过渡期间的这种沟通加成对所有级别都有积极影响,但这种同步信息的努力不能始终如一的存在,而且最重要的是,它也没有必要。有许多团队几乎不需要沟通,因此彼此之间很少或根本没有联系;当然,也有一些团队间需要密切交流,至少在某些项目阶段。此时信息流通的关键路径就变得很重要。

那么我们如何知道何时何地,哪些团队之间需要有更多的沟通需求呢?

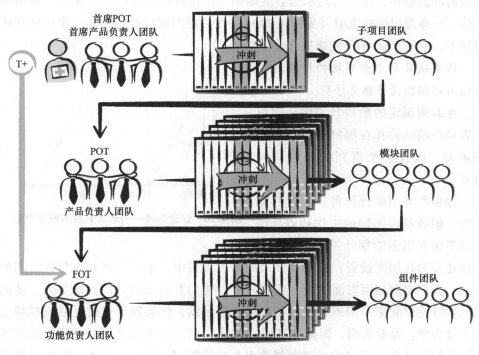

图 4.24 "捷径"缩短了沟通距离

在阶段过渡时,我们将 6 个冲刺都汇集在一起,即每 3 个月将所有团队成员聚集在一起计划下一个阶段(见图 4.25)。大家共同计划接下来的 6 个冲刺,在一面大墙上贴上一张大绘图纸,并划分为不同"泳道",明确相互之间的依赖关系并标记出关键信息。如果有人发现无法达到某些"里程碑",他可以依赖在场所有相关人员的智慧并寻找解决方案。对于大型团队,这个过程必须组织得很好,其目标是让所有人明确在未来 3 个月内的阶段性计划。当每个人在此类活动结束时都竖起大拇指时,我们就可以实现这一目标了。每个人都会说:"我们可以这样做"。同时在心理上产生了强烈的团队归属感。

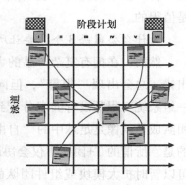

图 4.25 每 3 个月进行一次阶段计划,并给出承诺

当每个人都被问到时,他们都给出架构,此时的承诺才最有价值!然而,

随着时间的推移，每个人的承诺会逐渐减少。在阶段过渡讨论时建立一条锯齿曲线——重复讨论很重要（见图4.26）。3个月的时间已被证明是一个很好的衡量标准，它与PEP的里程碑概念非常吻合。

所有项目参与者到场的阶段过渡会议必须组织得井然有序！

在共同制定的阶段计划中，你可以看到跨团队协作在哪些地方显得特别重要，以及上文提到的捷径有何意义。

如果所有团队成员每3个月召集一次，但成员在不同的工作地点，那么这意味着很多的额外工作。为什么

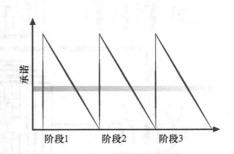

图4.26 锯齿曲线——承诺必须不断地更新

公司还要为此加大投资？在涉及多人的超大项目中，也需要建立人与人之间的联系。人们定期地面对面见面，朝着一个对他们有意义的共同目标努力，他们之间能够建立起更牢固的关系。如果你急需帮助，你会发现通过电话或视频会议十分方便。经验表明，团队在日后"疯狂"的工作中总会遇到干扰，相互紧密联系的团队会用更多的承诺和创造力来消除障碍。最后，成本密集的变更会更少，开发时间更短，创新成果更多；这意味着更好的产品——额外的投资都是值得的。

为什么公司每3个月要让所有团队成员汇聚一堂？

然而，在拥有复杂产品的大型团队中，我们无法做到预测一切并保证永不出错。总会出现"报警"，但问题的关键在于如何处理它。在一些公司中，有一组系统工程师没有固定分配到模块或组件团队中——他们是所谓的T+团队。团队成员就像是足球中的"自由人"，有能力处理不可预见的问题。与战队不同的是，所谓的T+团队不仅会协调工作，更会实际参与到相关工作中去。T+团队可以暂时扩大模块或组件团队的研发或沟通能力，以疏通关键路径，或直接参与无法预见的新需求或新功能。

4.10 敏捷领导

开发人员在冲刺之外的工作生活会给他带来许多干扰、分心和低效的自由空间。形象地说，他不能把马力放到赛道上。优先级的频繁变化和过多的并行

项目（开发人员越有经验，他从过去项目中保留的习惯越多）会导致一种多线程工作状态。对于四个同时进行的项目，人脑会切换到一种处理节奏："告诉我应该先做什么？"最终这会让人更困惑，并且感到疲倦，甚至是筋疲力尽。

如果你想在你的项目团队中使用敏捷，那就先树立一个榜样！

那么作为一位研发经理，你应该怎么做呢（见图4.27）？

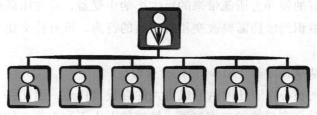

图4.27 最高纪律：管理团队中的敏捷

你必须给开发人员定时的自由及由他们自己确定的目标。放手吧，即使你的上层领导仍在如何提高效率这一点上绞尽脑汁。但是你该怎么放手？直觉上，几乎是本能地，你可能倾向于收紧缰绳。这样的做法大家也能够理解。但是如果你真的想要取得敏捷带来的积极效果，你不仅要"容忍"这种方法，还必须积极推动它。

如果你自己作为经理也能亲自实践敏捷，那你一定可以做到最好：你作为研发经理，与下一级别、部门或小组的经理们一起实施敏捷。

遗憾的是，通过训练得到的出色领导力是有限的，我们往往需要一点运气。

使用敏捷，领导将变得更加系统化和简单。具体而言：每两周一次，如每周一上午9点，经理与他们的管理团队在其办公室确定具体的工作目标。自由度是管理者最难授予的，详见上文，其是根据冲刺来定义的。当冲刺结束时，团队成员会在所谓的演示中展示成果。因此，他们会在固定的地点（敏捷看板）、固定的时间，以及固定的节奏再次相遇。

通常情况下，领导团队的敏捷看板上有每个人的"泳道"（行），在那里他们向其他人展示他们在做什么。此外，还有一些行可以展示整个领导团队正在开展的联合项目。

自己亲身实践敏捷的领导团队才能在将方法传达给项目团队时更有说服力。由于同步沟通，这些管理团队之间的协调将会更加密切。其结果就是，下一级别的成员会不自觉地注意到经理之间的正向积极关系。自下而上的关于高层关系的负面消息明显减少。

而这时，我们的领导就不再依赖于运气了。

4.11 敏捷引入流程

敏捷方法的引入是高度敏感的。没有任何组织变动能让成员之间更亲近。如果你想从更好的领导力所能带来的巨大影响中受益，并在团队中实现责任最大化，你必须意识到敏捷需要改变相关人员的行为。没有什么比实现可持续的行为改变更难了。

敏捷不是从项目启动（Kick-Off）开始的！

由于敏捷的核心在于让团队形成更大的自我责任感，因此引入敏捷并不需要通过项目启动会和后续的专家培训。敏捷的引入不同于原来的框架，无须礼貌的形式，也不要求合乎逻辑的理由。

团队本身必须意识到他们需要敏捷。如果一个团队决定这样做，那么团队中的其他人也会紧跟步伐。当然，每个人也必须知道敏捷意味着什么。

在一些公司举办的研讨会上，我们为来自至少三个项目团队的团队成员提供了有关敏捷的大量信息，以便他们能够就这种方法形成自己的见解。

在研讨会的第一部分中，我们解释了该方法的工作原理；第二部分则以游戏的形式进行所谓的模拟，从而以非常实际的方式体验敏捷。最后，我们询问每个人，如果明天他们就要开始践行敏捷方法，他们认为自己还缺少什么。在此之后，我们便离开了房间，而内部客户走进了房间。他问了一个关键问题："你们想用这种方法还是不想用？"当然，说"不"是被允许的。

有自主意识地选择了敏捷方法的团队会取得更多的成功。

从第一天开始践行敏捷：团队共同做出决定！

请试试看吧——敏捷意味着：放手去做！

4.12 敏捷在试点之前——开始大幅度推广

成功实施试点项目的公司想要取得更多成绩。他们会考虑第二阶段，如何在公司中扩展敏捷的应用？

过去我们会用邮件的形式通知大家："我们已经在试点项目中使用了敏捷，从现在开始，请在所有项目中使用它。"这绝对是向大家介绍敏捷的"最差"方式！

如果敏捷的效果是每个团队成员都建立更多的个人责任感，那么每个团队成员一定已经自行决定要使用敏捷，并且100%自愿！在引入大型IT项目、新的组织架构及要联合使用其他流程时，自上而下的安排可能是不可避免的，但这绝对不会出现在敏捷的推广过程中！成员们意识到他们必须遵循通用工具、语言和规则。伴随着自信感的增加，自己的工作习惯也会发生巨大的改变；对其他团队成员和领导的信任也在逐步加深，反之亦然。这都不是可以命令的！一封写有"请从现在开始使用敏捷"的声明邮件与一句"请从现在开始对自己有信心！"没有任何差别。

向所有人发送邮件："请从现在开始使用敏捷！"

实施敏捷最成功的公司都将此决定留给项目团队成员。他们在定期的全员大会上不断地向大家介绍敏捷方法，但最终的使用与否取决于每个人的决定。他们培养了越来越多的敏捷教练，树立了领导力的榜样，并创建整体框架，但自始至终没有强制使用。

当一家公司有30%的项目使用敏捷方法时，许多人长期以来一直在大声呼吁的事情就会发生：文化变革。更多的个人责任，更多的实际行动取代纸上谈兵；更少的控制——更多的信任；更多的勇气——更少的逃避；更多的实干家——更少的观众；目标导向而非妄自菲薄。

当30%的团队成员改变了他们的工作方式时，阻止敏捷方法继续推广的最有效方法是让领导层继续像以前一样工作：指挥、控制和微观管理。

然而，还有两个问题有待回答：第一，如何改变领导？第二，改变的方向又在何方？它们的答案分别是让领导自己也成为敏捷方法的使用者和学习专注于多项目管理并掌握这项技巧。

随着团队变得更加负责，管理层必须摆脱微观管理并专注于管理项目的整体环境。为此，需要更好地了解多项目管理的机制。

4.12.1 堵塞陷阱——管道过载（Pipeline-Overload）

想象一下，你是一家拥有200人的产品生产工厂的经理。简而言之，生产订单包括工序车削、铣削、钻孔和磨削，您希望尽可能地提高工厂的产量。如果你没有足够的订单，员工们即使想工作也只能在工位上站着。这会让他们很不满意。如果订单量适当，所有工人都在工作中，一环接一环，每个人都乐在其中。而作为工厂经理，你会想："我们还可以完成更多！"当你将更多订单推送到"工作管道"中时，会发生一个十分关键的现象：产出正在下降。这意味着虽然产能依旧是100%，但是当订单量增加到100%以上时，系统的产出不会在达到100%时停止，反而是下降了（见图4.28）！排除由此产生的工人不满，整个系统的复杂性会大幅增加。由于启动了更多订单，但无法在一个流程中处理，因此机器必须更频繁地调整配置，导致利用率降低。半加工订单的生产库存增加，导致堵塞路线或多线路运输等问题，因此实际生产时间下降。

图4.28　堵塞陷阱——管道上的压力越大，产出就越少

从第三个并行项目开始，成员的集中度和生产力会大幅下降。

如果系统负载不足，则生产力没有得到有效应用；但是，如果系统超载，那么输出就会崩溃。

以上内容同样适用于开发部门吗？如果开发人员负责一大一小两个项目（对于大项目，他有时必须等待其他的前期工作，如原型开发和测试），他仍可以集中自己的精力。他能像镜头一样将精力集中在"纸"上，让它"燃烧"。他时常会被某个问题困住，但总能在周末刮胡子或洗澡时想出好主意，这是因为他有时间去"思考"。

但如果他同时从事3~4个以上的项目，他需要更多的信息才能创造价值。"管理员"与"操作员"的人数比例在不断增加。他更经常地被打断，为此他需要更多的精神调整时间，导致了他对个别项目的认同感降低。一心多用会消耗他的精力，他觉得没有什么可以做得很好，也没能真正完成什么任务。他会变得像一只无头苍蝇一样没有了动力。其结果就是"质"和"量"同时下降。

4.12.2　隧道效应

想象一条高速公路的隧道，其中大量汽车在三个车道上平行前进。突然，其中一辆车开始燃烧，其他所有车辆都立即停了下来。司机们纷纷下车用拿灭火器帮助事故车上的乘客。整个高速公路隧道出现了交通堵塞。紧急救援处理后，现场必须清理出一条救援通道。首先，警方分析事故的严重程度，并在必要时通知消防队和救援部门。过了一会儿，一条车道重新开放，车流缓缓离开。随后的原因分析发现这辆车根本没有通过检验——它根本不应该上路行驶。所以本次的火灾隐患是可预见和避免的！

我们可以将团队的"研发能力"与隧道进行类比。"未完成"的项目很难有效推进，而这又导致"已完成"项目难以真正"结束"。如果客户或生产部门需要立即帮助，可用的研发能力还会进一步下降。

隧道入口的红绿灯可以防止交通堵塞。

我们需要一种"红绿灯"，只有当任务通过了"隧道检查"时才会变绿。检查项如下：

1）需求是可接受的吗？
2）我们有足够的开发余量吗？
3）团队是否认可时间计划？

如果我们能确保所有"车辆"在驶入隧道前满足了全部标准，那么"交通状况"就会尽可能少得出现异常，堵塞的情况也会减少，因此"输出"就会增加。

4.12.3　领导角色的转变

在一个又一个冲刺之后，如果领导层可以逐渐更多地关注设定明确的目标、给予自由和及时反馈，那么各层级团队的自主性就会不断增加，相对的微观管理需求也会减少。领导层有更多的时间进行多项目管理，即避免"堵塞陷阱"和"隧道效应"。他们利用敏捷方法的优势，即在两周的冲刺期间，研发经理也在他的办公室墙上设置敏捷看板，以创建透明度和承诺并做出短周期决策，从而加快了项目团队的研发速度。整个系统的产出增加了——在个别情况下，每年的项目完成数量可以翻一番。管理层这才开始了真正的"领导"。

4.12.4　过渡团队（Das Transition Team）

那么，我们应该如何在团队和领导层中引入如此之多的变化呢？

一个基本要求是配置一位敏捷教练。当成功的核心效应是深刻的行为改变时，你需要专业人士来指导。教练除了对试点团队和领导层有着快速直接的影响（见4.10），他还会建立了一个所谓的过渡团队，它由中层管理人员组成。在引入敏捷时，过渡团队总是会先行一步（见图4.29）。这其中包括与试点团队之间的实践交流及向新的感兴趣的项目团队介绍关于敏捷方法的功能和成功信息。这在全员大会上开展往往效果最好，每个有兴趣的人每季度聚集一次并交流他们的经验。

敏捷过渡团队让"变化"变得井然有序。

过渡团队负责启动新团队的敏捷开发，同时负责敏捷教练的任命与培训。他们需要消除阻碍敏捷推广的障碍，并准备基础设施（白板、便利贴、房间）。这些任务也同样体现在冲刺中，只有过渡团队也使用敏捷方法的话，才能证明它是可信的。而这就是公司为变革做好准备的方式。

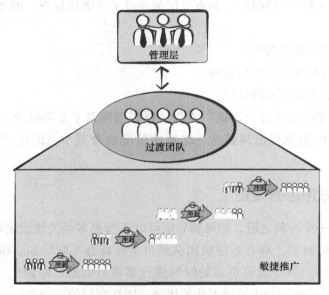

图 4.29　敏捷过渡团队总是能先行一步

第二部分
成功引入敏捷实例

第 5 章
敏捷团队的成功引入

汉斯·皮特·霍普钠博士,马丁·胡里希博士

5.1　趋势与挑战

车辆系统和电子元件（及其市场）正经历着两大变化：单个元件和整个系统的复杂性都正在增加。各个元件之间的网络化程度也在迅速增加，并且它们的功能边界也不再局限于车辆本身。车辆及其内部电子元件都将成为物联网（IoTs）的一部分。

对于所涉及的公司而言，这意味着要调整他们的开发流程及他们的组织和管理架构以适应这些框架条件的变化（斯诺登 2007）。

对于博世公司这样的大型汽车零部件供应商，"工业 4.0"大背景也会对其开发、生产和物流之间的接口产生一定的影响，并会进一步将零件、部件和架构之间的网络关系推向下一个维度。

例如，下文将提及上述变化对博世"底盘系统控制"（CC）部门的开发流程和组织架构的影响。

底盘系统控制部门开发用于车辆安全、车辆动力学和驾驶辅助，甚至是自动驾驶相关的创新零部件、系统和功能。主动和被动安全系统与驾驶人辅助系统的联网将车辆安全性、舒适性和敏捷性提高到了新维度。随着网络、驾驶人辅助系统和自动驾驶功能的引入，软件的应用范围正在成几何级数地增加。

日益复杂的任务要求开发流程和结构与之适应。自 1986 年以来，文献中就有提及跨职能团队的方法［竹内（Takeuchi）1986］。20 世纪末，类似的方法也被描述为所谓的"轻量级"（Lightweight）或"敏捷软件开发"（Agile Software Develop）［施瓦伯（Schwaber）1995，2016］，并在 21 世纪初获得大幅推广（敏捷宣言 2001）。

可以想象，接下来将要介绍的方法对于"传统"公司而言，实施起来一定极具挑战性。公司绝对不能低估可能出现的变动。

5.2　整体方法

全面变革需要整体方法。因此，为了实现公司真正践行敏捷行为，仅将新方法或流程分配给单个员工或开发项目是不够的。"敏捷（软件）开发"描述了一种心理态度，它或多或少会偏离经典企业文化所塑造的心理传统。

除了官方描述的规范、规则和文化组成部分（所谓的"书面规则"），还必须明确考虑深深植根于企业文化中的行为和期望（即不成文的规则）[斯科特·摩根（Scott-Morgan）1994]。

公司的文化很大程度上由其高层管理人员塑造。十多年来，博世公司内部已经深刻理解了这种内在联系，并在公司内用于确定使命宣言，形成价值观和企业文化（We are BOSCH 2015）。

5.2.1 领导宗旨

在大公司里，企业宗旨，尤其是领导宗旨，通常从集团层面开始分解并细化到底层单位（业务领域、业务单元甚至是业务部门）。对于深刻的文化变革来说，在这一点上保持一致性是非常重要的。重点必须放在感知上，而不仅是对潜在的理论方法的讨论。在组织架构中接收到哪条"消息"是至关重要的。

因此，如何在敏捷过渡时期践行上述领导宗旨我们必须特别考虑以下三个方面：

1）连贯性和一致性：领导宗旨必须严格一致且相互关联。

2）互补性：各项企业宗旨应仅在连贯性明显的范围内在内容上有重叠。每项宗旨都应有其独立性和明确的主旨。

3）沟通（接口）：在沟通各自宗旨时，必须高度重视相互间的"接口"和各自的独立性，以便它们不会被排除在组织架构之外，或以一种矛盾的状态并行。

领导模型的核心概念，即所谓的"积极领导"[卡梅隆（Cameron）2012]，须植根于我们的业务领域。这个非常有效且通用的概念代表了"知识工作"中的基本点，如开发工作。这也确保了大家所使用的模型是连贯且互补的。

5.2.2 BES：博世工程产品系统（Bosch Product Engineering System）

在大规模生产领域，人们在 20 世纪中期就知道了优化吞吐量的系统方法[戴明（Deming）1986]。丰田生产系统（TPS）和由此衍生的博世生产系统（BPS）均源自于此。

2005 年，以制造为重点的博世生产系统得到了以开发为重点的博世工程产品系统（BES）的补充。这两个系统都明确地将自己视为一个独立的整体系统，其主要任务是在各自领域进行组织架构、思维方式和领导文化的设计。

自 2011 年以来，"敏捷（软件）开发"的各个方面也越来越多地集成到博世工程产品系统的框架中[詹策（Jantzer）2015]，重点不局限于纯软件开发，还包括系统开发，纯硬件和零部件开发。所有研发活动都有一个共同点，即所涉及的开发人员都可以被描述为所谓的"知识工作者"［萍科（Pink）2009］。这些知识工作者都需要某些激励因素的引导。因此，领导文化和框架必须满足这些方面的要求［梅迪尼利亚（Medinilla）2012］。这意味着从交易型领导到变革型领导的转变［巴斯（Bass）1990］。

交易型领导风格的代表产物就是经理和员工互动中的激励，或惩罚、制裁等传统标准化管理形式。例如，目标协议规定了对员工的要求及他可以期望的物质或非物质激励（当他完成了期望）。员工的主要动机是所设定的目标、任务和委派的责任。因此，这是员工绩效与经理对其反应之间的事实交换关系（交易）。

变革型领导的风格重点是转变员工的价值观和态度，不再那么自私和总是追求个人目标。相反，应该在长期、总体目标的方向上提高绩效。因此，变革型领导者试图从本质上激励他们的员工。经理充当榜样，支持员工的个人发展。例如，互相之间传递的不再是单独的目标协议，而是有吸引力的愿景，并制定了实现目标的共同路径（维基百科 2016）。

"敏捷和变革型领导"的要求也被纳入博世工程产品系统的所有管理及培训中。必须确保传达给全体组织的信息，特别是传达给管理结构的有关变革方面的信息是绝对一致的。

在博世各部门中，这意味着所有人的领导宗旨与博世工程产品系统及支持敏捷试点项目的具体措施之间得到了很好的协调。

博世生产系统和博世工程产品系统都具有"精益"（Lean）的历史根源，即来自精益生产或精益开发环境，为上述变革提供了一个巨大的优势。今天广泛使用的敏捷开发过程也受到"精益"原则的显著影响。

5.3　市场边界条件

经常有报告说敏捷开发方法不适合汽车开发中基本的非功能性需求，如来自 ISO 26262 或汽车软件过程改进及能力评定（Automotive SPICE）。事实上，它需要更深入地分析和考虑才能得出建设性的陈述（intacs 2014，KuglerMaag 2014，Weigl 2014）。肤浅的结论可能没有任何帮助。

事实上，开发环境中的许多标准，如 ISO/IEC 15504-5（SPICE），反过来也是 ASPICE（Automotive SPICE）的基础，但都是在没有明确考虑敏捷开发方法的情况下创建的。此外，它们在兼容性上也存在着巨大的差异，包括各自潜在的心理态度上。但是，这并不意味着各自框架中的两种方法或要求不能更大程度地互相结合。

首先是要了解 ISO 26262 和 ISO/IEC 15504-5 在各自的流程参考模型（PRM）中描述的一个（示例性的）所谓的软件或系统生命周期模型，并用评估模型（PAM）检查。但是，评估模型仅检查（如果仔细观察的话）已经存在的人为活动及其产品，并在必要时检查它们之间的顺序依赖关系。然而，这些标准中都没有描述具体的过程模型，甚至没有对其进行假设。

同样有利的是，几乎所有相关标准现在也都涵盖了组织架构方面，如组织的持续改进或持续学习。这些方面在敏捷过程模型中都有明确的映射，至少在单个开发团队的级别上是这样的。

在汽车研发领域中成功实施敏捷过程模型的关键是引入人为活动及其产品的具体要求，并在必要时以合适的方式介绍它们之间的依赖关系。这可以通过直接定义开发过程完成，也可以通过扩展产品完成成熟度的特定要求间接完成（"完成的定义"）。如果可能的话，应该首选第二种方法，因为它只定义了需求，保留了特定的解决方案。

5.4 起点——勇气：自愿试点项目

敏捷文化的一个基本原则（或者说一个重要组成部分）就是勇气，即使这一点没有明确地出现在"敏捷宣言"中。这里需要的勇气是高度的个人主动性和使命感、企业及战略思维，以及改善现状的强大内在动力。这种勇气让我们意识到，决策不仅是基于完美的数据做出的，因此，其中部分决策在事后被证明是错误的，或者至少不是最优的。然而，我们需要的是组织及其个人能够在这种情况下快速得出新的、更好的决策，而不是在事后把精力浪费在讨论责任和责备中。

勇气绝不是命令的产物，而是企业文化的一部分。这种勇气通常也以不同的形式和强度在不同的等级层次上表现出来。

幸运的是，在我们的业务领域已经有一些勇敢的人愿意去开辟新天地，当然他们也必须接受这些新方法带来的失败的风险。

通常，你能够在一些很小的试点活动中发现这些勇敢的人，即较小的开发项目才能发现他们，因为到目前为止常见的流程模型基本上都应用于单个项目甚至单个项目团队的级别。

我们业务领域内的大多数试点项目在效率（见5.7）方面都取得了非常可喜的成果。尽管如此，它最初仍然是规模较小的内部活动。随着时间的推移，其中一些活动会再次沉寂。其他活动虽然保持稳定，但在各自领域内也没有更广泛地使用新程序。

出于这个原因，我们应在业务领域的联合改进计划框架内更密切地协调进一步的活动，以实现尽可能广泛的分布（见5.8）。

5.5 理念——开放式方法

正如5.2节中已经描述的那样，为了能够可持续且成功地使用敏捷过程模型需要相应的心态，尤其是在控制和领导领域（见5.10）。许多公司在这里犯了一个错误，就是想借助经典企业管理中的手段来引入新方法。尽管相关人员做出了巨大的个人承诺，并伴随着高额的财务支出，但这些努力往往无法取得成功。

出于这个原因，我们为自己的业务领域选择了一种符合敏捷开发原则基础的方法。最重要的基本范式如下：

1）项目或组织自愿决定使用新方法。

2）项目几乎可以自由地（根据他们的业务情况）决定合适的方法和流程的组合。

3）领导层改进计划必须支持上述组合中的相应方法。但是，可以安排试运行来尝试新方法，即开发方法的组合基本上是开放的。

4）至少在选择合适的方法和流程的初始阶段，这些项目必须得到明确和独家的支持，甚至更多。

5.6 目前已集成的方法论

我们的方法组合中目前包含以下内容。各个方法绝不受限于严格的规范，而是可以在很大程度上根据使用它们的项目或组织的要求进行调整。（见5.6.3）将使用一个实际例子来进一步解释。

5.6.1 精益/生产流

敏捷开发领域的所有方法论都承载着精益原则的基因和思想。由于这些原则与其他基本模型和系统（见5.2.2、5.3）有着极佳的兼容性，因此更深入地理解它们是有意义的。

唐·莱纳特森（Don Reinertsen）已经详细论证了对研发至关重要的精益基本原则及其机制（唐·莱纳特森2009）。因此，我们不再需要对这些原则之间的内部理论关系进行更深入的讨论。本书特别关注两个基本原则。

1) 可用资源的最佳利用：根据已知经验，建议设定计划利用率为组织最大容量的80%~85%（见图5.1）。

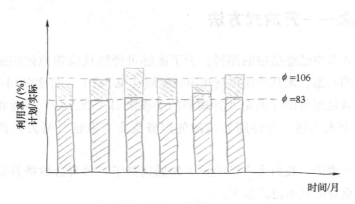

图5.1　研发中的计划利用率和实际利用率

2) 关注约束（瓶颈区域）：这意味着避免无法增加，甚至减少系统整体流量的局部"优化"。

我们无须使用进一步的方法（见5.6.2、5.6.3）就可以直接在组织中实施这些原则。但是，这样做的先决条件是对工作任务和团队能力有很好的统计数据。例如在软件维护领域的小规模、高重复性的任务中会经常出现这种情况，这样的组织可以使用所谓的"累计流图"中的一些关键指标（见图5.2）。

5.6.2　优化的开发流程

在博世公司内部开发了一套定制化的（经典的）产品发开流程（PEP），有以下分类：

1) 每个项目都以其特定的最小化PEP作为起点。这其中仅包含绝对必要的元素，如法规、中心要求，或其他强制性标准。

2) 其他已知但可选的元素仅进行描述，但最初并未分配给项目特定的PEP。该项目现在只描述由于这些要素遗漏而可能产生的风险。已有的描述也可

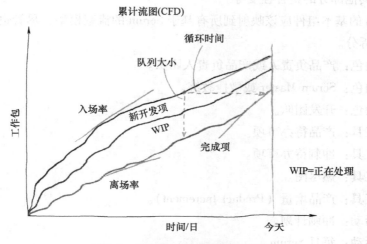

图 5.2 控制用的累计流图（CFD）

用于此。

3）项目现在可以通过将相应的可选 PEP 元素分配给特定的 PEP（附加剪裁）来应对不可接受的风险项。

4）此外，如果可以为项目节省时间或其他资源，也可以重新选择 PEP 元素。但是，必须明确由此产生的风险及对应的合适的补救措施。

最终结果是项目特定的最小化 PEP，它不包含任何不可接受的风险。此外，在剪裁过程中，风险规避和资源使用之间的权衡总是可以直接在单个 PEP 元素这个层级上进行。

这种方法特别适用于系统和零部件开发项目，以及在时间上有重叠的平台开发和量产开发项目。

5.6.3　Scrum 或基于 Scrum 的开发流程

Scrum 方法最初设计用于较小的、最好是独立的开发项目（Scrum 团队），现在已拓展出了大量的规模化 Scrum 方法，如 Multi-Scrum、Scrum-of-Scrums 和 SAFe（规模化敏捷框架，Scalable Agile Framework）。尽管它们有共同的起源，但不同的方法有着各自不同的优势，但对于使用它们的团队来说也有着缺点和挑战。因此，我们可以推导出某些通用范式，它们可以帮助我们确定基于 Scrum 的过程模型是否适合特定的开发项目。对特定过程模型的定义通常基于项目的基本要求，当然还有组织架构的边界条件，如项目规模、各子项目的网络化程度、组织其他部分的整合程度等。

Scrum 的基本组件应该映射到所有基于 Scrum 的流程模型，尽管也可以进行更仔细的拆分。

1）角色：产品负责人或产品负责人团队。
2）角色：Scrum Master 或敏捷教练。
3）角色：开发团队。
4）工具：产品待办事项。
5）工具：冲刺待办事项。
6）工具：燃尽图。
7）工具：产品增量（Product Increment）。
8）活动：冲刺计划。
9）活动：每日 Scrum。
10）活动：冲刺评论。
11）活动：冲刺回顾。

虽然纯粹的 Scrum（根据教科书，可以这么说）特别适用于尽可能独立的、规模较小的团队中的高度创新项目，但整个开发团队的任务通常可以在规模化方法的帮助下进行映射。此时可能还必须定义一些其他角色、工具和活动，如 SAFe。

当然也可以选择一个大大简化和改编的 Scrum 版本作为流程模型基础，并添加来自 ISO 26262 和 ASPICE 的活动和要求。这种基于 Scrum 的方法适用于为汽车制造商从符合规范的现有平台推导出具有非常特定流程要求的单个变体项目。

5.7 试点项目初体验

5.5 节中提出的方法在适用的流程模型方面提供了高度的灵活性，以符合敏捷原则本身。也是基于这样一种认识，即具有非常不同的非功能性需求的项目也必须根据市场进行定位。原则上，这意味着不能将"一刀切"的方法视为理想的解决方案。

这些项目的任务同部分需求及汽车市场本身一样多变。这意味着待解决的问题有时会完全不同。因此在试点项目框架内，应尽可能广泛地针对这些问题取得各种各样的成功。

交付可靠性，通常使用所谓的"准时交付"（OTD）来衡量，可以通过现代流程模型的应用得到显著提高（见图5.3）。我们无须区别是否只是使用了敏捷方法、还是基于精益原则，又或者两者的结合。重要的是应用的一致性。否则，这种效果几乎完全不存在，因为开发团队无法在莱纳特森描述的"拉动"（Pull）模式下工作。这是精益和敏捷的核心原则之一。

如果重点是开发周期或上市时间（Time-To-Markt，TTM），那么敏捷方法尤其可以在这方面带来显著的改进。这一点在我们的试点项目中体现得非常明显，主要在微观层面，在相应的迭代中显著减少了循环/周期时间（Cycle Time，CT）（见图5.4）。集成到完整项目的宏观层面也可以很直观地体现出其速度优势。

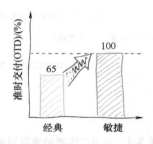

图5.3 准时交付率的提高

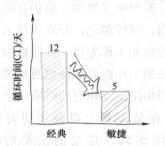

图5.4 循环时间的减少

在汽车研发领域，开发周期在不断缩短，因此加快开发项目是中期战略成功的关键因素。然而，对于正在进行或至少计划中的开发项目，其交付日期通常是确定的。缩短周期时间的优势此时就便得以体现：开发团队对新需求或需求变更的反应速度在这里至关重要，并且有了显著的提升；此外，另一个效果也开始发挥作用：在减少循环时间的同时，尚未开始的工作包数量，即所谓的"队列大小"（Queue Size）也可以缩减到类似的程度。如果队列中的工作包较少，客户则会感觉到供应商的反应速度正在得到提高。然而，只有在较长时间内收集到足够的可比较统计数据时，这种效果才能被证明。这意味着工作包必须足够小，并且在较长时间内出现在具有相似的项目类型和范围中，如大量软件包的量产维护。

反应性的增加也有助于缩短反馈循环。这里提到的反馈循环一方面可以是处理快速变化需求的敏捷过程模型中所描述的工作循环。在这种情况下，关键利益相关者可以快速评估临时交付给客户带来的影响，由此产生的更改或补充需求可以直接反馈到正在进行的开发活动（项目外部控制循环）中去。另一方面，内部验证（确认解决方案）的结果也可以更快地流入工艺过程和产品开发中。在某些情况下，还可以证明内部故障排除工作（内部项目控制循环）得到大幅减少。这种影响比之前提到的减少循环时间要略小一些,即无法随意减少单个工作包中的工作量。

除了经济相关且可直接测量的变量,在所有试点项目中都发现另一个影响:整个开发团队(每个员工个人)在规划和实施具体活动时能更好地履行预期的个人责任,平均员工满意度明显提高。这种影响的"具体表达"需要通过大量的科学论证才能得以明确,但在个别项目内进行的统计调查则可以得出关于基本背景的结论:个别员工有时会对整体结果感到更加投入,这肯定会给他带来一定的负担。在一些项目中,可以感知到的"压力水平"甚至略有增加,但仍在可控制的范围内。尽管如此,开发团队大多不想回到以前的工作方法,并明确报告他们对现在的工作内容和环境更满意。由此可以得出结论,相应的激励因素(见5.2.2)在员工身上得到了更好的实施(见图5.5)。这里的主要动机有[萍科(Pink)2009]:个人责任(自治)、对有意义的活动的感知(目的)和不断改进自己的机会(精通)。

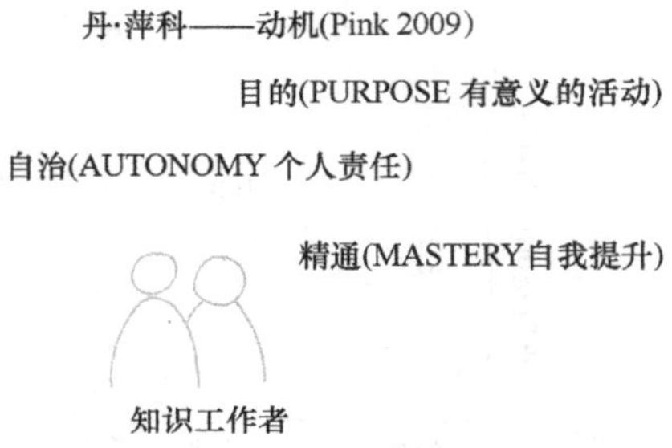

丹·萍科——动机(Pink 2009)
目的(PURPOSE 有意义的活动)
自治(AUTONOMY 个人责任)
精通(MASTERY自我提升)

知识工作者

图5.5 知识工作者的激励因素

5.8 为广泛实施做准备

尽管项目取得了初步成功,员工满意度也在某些情况下有所提高,但新流程模型的使用并不是可持续的(见5.4)。为了实现更广泛的可持续性,它需要的不仅是新的工作方法和几个鼓舞人心的试点项目。

在5.2节和5.5节中,我们已经展示了与敏捷流程模型可持续应用相关的各个方面,尤其是在"心态"和文化等主题上至关重要。与其他很多方法要素相比,这两个主题既不能通过纯粹的试点方法("自下而上"),也不能通过对组织的正式指示决定来解决。因此,高层管理在这里起着核心作用。

我们同时在组织内部开展了多项活动:与高层管理人员开展一系列研讨会,以积极应对新的流程模型。在这些研讨会期间,大家互相分享讨论在试点活动中取得的个人经验。来自公司内外部的重要专家能够与高层管理人员介绍他们的知识并分析移植的可能性。同时,在5.5节中提出的传播和扎根的概念得到了发展和建立。

敏捷原则也同样可以应用于这些活动：
1) 不断修正和改进所选方法。
2) 让尽可能多的各级人员参与到重要决策中。
3) 可持续性，意味着不存在传统的战队模式。

正确的沟通是这一阶段尤其重要的关键因素。因为在这个时间点，组织内的不同团队在知识水平上通常参差不齐，并且在响应变化方面的速度差异也非常大。因此，必须谨慎对待这一准备阶段。然而，无论如何，它都不应该因为对"安全思想"的错误理解而无限拉长，或者以完美主义为目标而被迫达到某种不切实际的成熟度。安全性和成熟度首先可以通过两个基本因素来提升：有经验的人的参与，如经验丰富的敏捷教练；以及相关负责人的及时协调（见 5.10），以提高反应速度。

5.9 来自过去的激情

最好的沟通方式就是放手去做（或不做）。这意味在向敏捷组织转变的过程中，所有涉及的经理和辅助机构都根据他们自己的行为来评价。

具体而言，我们必须始终关注 5.2 节中提到的所有方面，以及内容相关的要求（见 5.3），特别是管理层在日常工作中的处理方式。因此，在明确变化速度的前提下，各层级所采用对的"步骤"应该是日常工作中可以控制的大小。高估自己适应快速变革的能力会导致开发项目不堪重负，从而导致成员对变革的意见发生反转，并且这种反转是不可逆的，尤其是在变革的早期阶段。

在我们公司内部，各层级都不约而同地考虑到了这一点。为了促进相互之间发展和交流，与一般管理主题（见 5.2.1）的整合是通过跨层级事件进行的。公司层级的方法引入（见 5.2.2）伴随着对高管的强化培训计划，尤其是为高管提供的指导及在管理过程中的辅导是成功的关键。

接纳变革并建立新的可持续的工作方式对某些个人来说会成为一项重大障碍，让他们在日常工作中坚持使用，才能逐渐理解其所带来的优势。

5.10 敏捷管理团队

在公司日常工作中，相邻层级间工作模式及沟通方法的不兼容性会导致最大的资源浪费。此外，这种不兼容性还可能导致重大误解，更严重的是，相关方会产生强烈的不信任感。

因此，如果要对工作方式做出重大改变，可能会引起企业文化（5.2）的改变，故应该让所有层级都同时参与。具体而言，这意味着在项目级别引入敏捷方法时，更高的管理层也必须理解和使用相应的价值观、原则及方法。

这可以通过让来自不同层级的管理人员积极参与到敏捷运营工作中来实现。他们必须始终考虑敏捷原则，以避免这种交互发生在"平行世界"中。当相应的工作方法在所有层级得到使用时，对新文化的交流会变得更加密集，即使最初还只是以一种适应的状态。

在我们公司中，企业的高级管理人员决定自己实践一些 Scrum 方法。为此，我们创建了所有产品经理与开发部门负责人之间的双周会议，并由一位敏捷教练陪同。工作任务按等级划分［史诗（epic）、故事（story）和开发工程性工作（task）］，并按优先级顺序排列。每个开发交付内容都有其相关工作项的专门"完成"定义。

5.11 解决试点项目中的障碍

几乎每一次变革都会遇到障碍。其中，有一些源自技术的本质，而另一些则由于（规模较大）组织的惰性，通常表现为各种形式的变革阻力。由于试点项目代表了变革的"先锋"，可以说，这些障碍在试点项目的背景下十分明显。

试点项目的任务是新流程或技术（响应环境变化的要求）的尝试，并为在组织中进一步推广和优化收集信息。与日常性质的任务相比，此类活动具有高度的不确定性，这本身就已经带来了大量的额外工作。因此，试点项目应该得到更高水平的支持，它的初步成功也通常归功于公司内其他部门的支持。因此，消除公司层级间（即跨项目）的障碍并不应该是试点项目的任务之一。

因此，敏捷教练、专门的支持组织（如果有的话）和相关管理人员的任务之一就是在试点项目中就上述主题进行深入交流。

为此，我们使用了作为变革的一部分而引入的组织架构（见 5.10）。之前提到的双周会议的实质内容是如何消除试点项目中已经引起高级管理层注意的障碍。其中的障碍分为三种：

1）可以在项目中解决的内部项目障碍，但由于不利的框架条件而无法消除。这里重要的不是障碍本身，而是创造合适的框架条件或指导项目团队，以便团队本身能够消除它们。

2）无法在项目中解决的内部项目障碍。项目团队应该将这些问题向上升级到管理层。对于此类升级，尤其是在敏捷环境中，管理层是否能及时消除此类障碍显得尤为重要，这样可以让项目团队尽可能强烈地感知到它们获得的支持。管理团队中的敏捷方法当然在这里非常有用，因为它提高了透明度和反应速度。

3）最后一组障碍是组织架构障碍，主要是项目障碍，甚至是跨部门障碍。这些障碍不会在项目层面有具体的体现，这也是为什么项目团队会认为它们具有特别的威胁性和破坏性。如果可以通过管理层的新行为模式来精确消除这些障碍，这意味着相关项目的积极性将大大提高。

在从经典组织到敏捷组织的过渡过程中常出现的典型障碍是不合适的架构框架条件。在项目文化薄弱的线性组织架构中，敏捷工作方法通常没有得以应用的空间或空间不足。此外，个别员工通常只在部分工作时间内被分配到各自的项目中，在极端情况下其能力利用率甚至不到 20%。经常不得不在不同项目之间切换关注点的员工效率较低且产出降低（见图 5.6）。

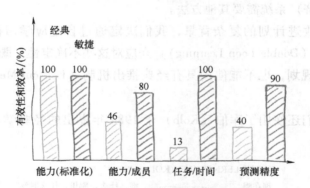

图 5.6　经典方法 vs 敏捷：有效性和效率

此外，项目相关的管理和规划工作的参与人员数量不成比例地增加，从而占用更多资源。许多项目一开始也难以保证连续运转（见 5.6.1），因此无法充分发挥其潜力。一方面，这可能是由于基础设施不足造成的。例如，投资全面持续集成环境（CI）可以很快为软件密集型项目带来回报。另一方面，问题也可能是由于对连续运转管理的不完全理解。造成这种情况的原因通常在于不完全的文化变革，因此需要在更高层级上采取措施（见图 5.7）[迪尔茨（Dilts）1990]。

在这一点上必须指出，尤其是在敏捷转型的初期，只有极少数永久稳定的机制，尤其是当多个团队或层级协同工作时。组织还必须在多次迭代中开发和调整这些机制。敏捷组织的特点就是自身持续不断的变化过程。

元级障碍和库伯的学习圈理论
（Kolbs Lernzyklen）

在敏捷社区中，团队需要在快速循环中分辨哪些方法或解决方案是有效的，这样的能力非常重要。组织变革环境中的管理者也在快速变化、复杂的组织框架条件下运作。因此，他们同样非常需要频繁和快速地学习。

所谓的"单循环学习"（Single Loop Learning），如使用 PDCA 方法论，对技术系统来说已经完全足够了。然而，新兴的、复杂的（社会技术和社会经济）系统需要其他方法。

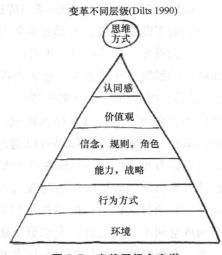

图 5.7 变革层级金字塔

由于实施改进计划的复杂背景，我们决定通过自适应学习循环［所谓的"双循环学习"（Double Loop Learning）］来应对这些不确定性。既不应该建立纯粹的经典项目规划，也不能使用具有经典推出机制（Roll-out-Mechanismus）的经典变更管理。

为此，我们还使用了库伯（Kolb）于 1984 年提出的经验学习圈理论（见图 5.8）。

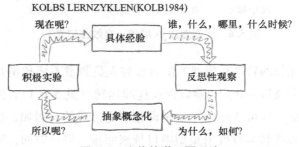

图 5.8 库伯的学习圈理论

1）具体经验（Concrete Experience）：完全投入一种具体描述的场景或体验。

2）反思性观察（Reflective Observation）：对新体验或所描述的场景进行反思性观察，以识别自己的期望（理解）与实际之间的不一致。

3）抽象概念化（Generalization）：反思能够带来新的想法或对现有概念的修

改。在这一步中可能会意识到自己至今为止的心理模型可能不得不修改甚至完全颠覆。

4）积极试验（Action）：将新的概念应用到新的具体活动中去。

作为回顾的一部分，上述学习方法可以每八到十周实践一次。一个适度的学习周期大约需要 90min。重要的是要严格按顺序执行这四个步骤，以避免过快得出局部性结论。实践这四个步骤的典型思考是：

1) 发生了什么？尽可能具体描述但无须解释，只是纯粹的观察。
2) 为什么会发生这样？是什么导致了这种情况？
3) 所以呢？（概括）这对我们的心理模型来说意味着什么？
4) 现在呢？（行动）我们要如何使用新的心理模型来实现期望？

个人收获，通常每个学习周期都会有几个，虽然在本质上都非常简单，但出奇有效。例如，教练可以显著改善与主要利益相关者的关系，因为他们能够更好地将自己的心理模型和期望整合到一起。

在学习周期的框架内，不同成员的心理模型的不一致性在最初时是隐藏的。这对敏捷教练如何快速响应不同的、不断变化的环境和需求提出了很高的要求，否则团队就无法在学习行为方面达到最佳。

为了解决这个问题，库伯的方法可以扩展配合阿吉里斯（Argyris）的心理契约理念（1990，1994）。包括以下附加规则和方法：

1) 提倡（Advocacy）——一旦出现误解，每个人都会让他们的心理模型、想法和假设对整个团队透明。
2) 查询（Inquiry）——使用如"五次为什么"等方法，积极体验和挑战其他团队成员的心理模式、想法和假设。

通过这种方式，可以更好地同步团队中的心理模型，尤其是在学习方面。

学习周期的一个关键结果是在敏捷过渡的试点阶段尽可能保持组织的正式架构不变，同时创建新的非正式架构，如定期会议和额外的沟通渠道。

5.12 展望

借助上文所描述的方法，我们在自己业务领域的项目中实现了关键参数的显著改进。队列的长度，即尚未处理的任务数量已大大减少。所有持续运用新工作方法的项目都能够提高产量，即每个时间单位已完成的、可比较的工作包的数量显著增加。这一切大大提高了项目的交付可靠性和预测准确性。

应用新工作方法的另一个附带作用，特别是在管理团队内部，是消除了一些障碍。其中部分障碍多年来降低了组织的工作效率。这些障碍不仅阻碍了敏捷项目的发展，而且它们本身正在组织内部变得越来越透明。

当然，新的工作方式和行为方式对组织文化和员工满意度的影响也不容小觑：绝大多数已经在试点项目中工作的员工基本都持肯定态度，不想再回到以前的工作方式。

敏捷工作方法和敏捷管理文化将在公司继续推广。这不仅包括增加系统和软件开发的项目及参与员工的数量，还包括引入管理者和硬件开发人员来进一步扩大整体环境。我们将继续探索和整合我们所使用的方法。此外，我们还开始了第一个，涉及公司内除开发之外的其他部门的敏捷过渡活动。

参考文献

Snowden, D. and M. Boone, M.: A Leader's Framework for Decision Making. Harvard Business Review, November 2007, S.69–76.

Takeuchi, H. and Nonaka, I.: The New New Product Development Game. Harvard Business Review (January–February), 1986.

Schwaber, K.: Scrum Development Process. In OOPSLA Business Object Design and Implementation Workshop, J. Sutherland, et al., Eds., London: Springer, 1995.

Schwaber, K. and Sutherland, J.: The Scrum Guide – The Definitive Guide to Scrum: The Rules of the Game (July 2016 ed.). Scrum.org, 2016. Retrieved on 23.11.2016 from *http://www.scrumguides.org/*.

Manifesto for Agile Software Development. Retrieved on 21.11.2016 from *http://agilemanifesto.org/*.

Scott-Morgan, P.: The Unwritten Rules of the Game. McGraw-Hill, 1994.

We are Bosch. Retrieved on 21.11.2016 from *http://wearebosch.com/index.en.html*.

Cameron, K.: Positive Leadership – Strategies for Extraordinary Performance. Second Edition. Berett-Koehler Publishers Inc. San Francisco, 2012.

Deming, W. E.: Out of the Crisis. Cambridge. Mass: Massachusetts Institute of Technology, Center for Advanced Engineering Study, 1986.

Jantzer, M.: Bosch – A Corporate Journey towards Agility. Agile in Automotive 2015. Retrieved on 29.11.2016 from *http://www.euroforum.de/agile-automotive/conference/program*.

Pink, D. H.: Drive – The Surprising Truth About What Motivates Us. Riverhead Books, New York, 2009.

Medinilla, A.: Agile Management – Leadership in an Agile Environment. Berlin: Springer, 2012.

Bass, B. M.: From Transactional to Transformational Leadership: Learning to Share the Vision. Organizational Dynamics; Winter, Vol.18, Issue 3, 1990, S.19.

Wikipedia. Retrieved on 28.11.2016 from *https://de.wikipedia.org/wiki/Transaktionale_Führung* and *https://de.wikipedia.org/wiki/Transformationale_Führung*.

Clarifying Myths with Process Maturity Models vs. Agile. Retrieved on 21.11.2016 from *http://www.intacs.info/index.php/110-news/latest-news/183-white-paper-spice-vs-agile-published*.

Agile In Automotive – State of The Practice Survey Results 2014. Retrieved on 21.11.2016 from *http://www.kuglermaag.com/fileadmin/05_CONTENT_PDF/2-22_agile-in-automotive_survey.pdf*.

Weigl, T.: Development Process for Autonomous Vehicles. Masterarbeit. Fakultät für

Informatik der Technischen Universität München, 2014.

Reinersten, D. G.: The Principles of Product Development Flow: Second Generation Lean Product Development. Celeritas Publishing, Redondo Beach, CA 2009.

Dilts, R.: Changing Belief Systems with NLP. Capitola, Meta Publications, CA 1990.

Kolb, D. A.: Experiential Learning: Experience as the Source of Learning and Development. Prentice Hall Inc, Englewood Cliffs, NJ 1984.

Argyris, C.: Overcoming Organizational Defenses: Facilitating Organizational Learning. First Edition. Pearson Education, New Jersey 1990.

Argyris, C.: On Organizational Learning. Blackwell, Oxford 1994.

第6章
从敏捷软件开发到敏捷产品开发

鲁道夫·斯塔克

到目前为止，敏捷原则主要在明确定义的领域（如软件开发）证明了它们的价值。其实，它们也可以在整体产品开发中发挥潜力，但前提是公司的组织架构能够广泛适应敏捷原则。如果这种文化变革成功，即使在动荡的环境中，它也会使公司具有创新性和可持续性。

战略无处不在。

国际化科技巨头大陆集团的动力总成部门为优化油耗开发并生产了高效的系统级解决方案。产品组合范围涵盖汽油、柴油喷射系统、发动机和变速器控制（包括传感器、执行器、排气后处理技术和燃油输送系统），以及混合动力和电动驱动的组件和系统。该部门在全球拥有超过35000名员工，2015年的销售额约为70亿欧元。大陆集团是自动变速器控制领域的全球领先供应商。虽然在这个市场领域取得了巨大的成功，但变速器控制单元的开发流程正处于一场意义深远的变革之中：在软件开发中初步体验了敏捷方法之后，整个变速器部门都在开始适应敏捷原则产品开发方法。

从中、长期来看，敏捷产品开发还有可能为动力总成的其他业务部门带来好处。我们已经有了一些初步的考虑，如关于混合动力电动汽车业务部门，因为这个细分市场的边界条件是动态变化的，因此长周期的过程将很难对其进行准确动态描述。这个为电动汽车开发解决方案的业务领域说明了为什么敏捷原则日益成为成功基础：新能源车辆的传动系统与传统车辆有着极大的不同，因为电力作为驱动能源的布置方式多种多样。这其中就包括同时具有内燃机和电动机的车辆（混合动力汽车），其可以组合或交替使用两种驱动元件。并且车辆类型本身也非常不同，涉及乘用车、轻型商用车、小型车辆［如带有辅助电力驱动的自行车——"电动助力车"（Pedelecs）］，以及未来所谓的"载人交通工具"——自动化"客舱"，它将为城市内环区域的出行提供便利。

混合动力和新能源车辆部门正直接受到各种新兴技术及其多种多样可能性应用的影响，因为此类部门的核心竞争力就在于使用何种合适的形式（速度/传动比），在各种车况下安全、节省能源且舒适地将能量传递到车轮上。

目前可预见的，对个别车辆类型的研发与应用需要大量的支出，这种状态甚至会延续很长一段时间。在这种情况下，强大的（即快速有效的）开发流程可以为混合动力和纯电汽车的成功做出重大贡献。同时，像大陆集团这样的公司在经济上也需要注意发展的效率，以免耽误在市场中取得成功。因此，变速器部门之前在软件开发领域对敏捷原则的经验和见解被证明是非常有价值的。接下来会介绍将敏捷原则从纯软件开发扩展到整体产品开发的过程和经验，以变速器业务单元为例。整个产品的开发使用的新方法带来了特殊的挑战，而克服这些挑战代表着真正迈入了全新的领域。

6.1 软件敏捷开发的初体验

变速器控制单元（TCU）是高度复杂的机电一体化单元，包括带有电子组件和传感器的印制电路板和用于控制电子和液压系统的输出接口（仅列举几个最重要的部件）。实际监控、控制、调节和通信功能的软件存储在印制电路板上的微处理器中。外壳将敏感电子设备与环境影响隔离开来。

由于控制单元通常直接安装在变速器内，因此对苛刻环境条件的耐受性要求非常高。例如，通常TCU必须在-40～150℃的温度范围内正常工作。它还必须承受热传动油（一种化学性质非常强的液体）的直接影响，以及大振动载荷。

因此，可以毫不夸张地说，TCU的开发和制造对所使用的技术和工艺提出了很高的要求。而且这种控制单元通常在产线装配过程中就完成了其在变速器内部的安装（所谓的完全集成），所以发生故障时的更换过程将非常昂贵。因此，变速箱和汽车制造商对TCU的可靠性抱有很高的期望。质量问题从产品开发到生产结束的整个产品生命周期中起着至关重要的作用。原则上，大陆公司的动力总成部门从一开始就奉行系统化质量发展战略，因此后续的质量保证步骤，如测试，主要用于确认开发中定义的产品质量。接下来我们将结合敏捷方法对这方面内容做进一步的介绍。质量保证的大领域还包括"制造设计"等方面，它意味着在开发阶段就考虑到之后制造技术的需求。

控制算法软件对变速器的功能有着决定性的影响。因此，软件开发在整个TCU产品的开发过程中起着核心作用。

变速器研发领域与传统开发流程（如V字模型）相比，敏捷方法有助于更快、更好地实现与客户相关的功能单元（见图6.1）。快速开发单元，即所谓的冲刺（开发周期为14天），可以在快速循环（loops）的框架内实现迭代增长的软件发布，并且完成满足客户需求的功能测试。

这种方法遵循"早期发现问题并快速修复"（fail early and fix quickly）的原则，如图6.1（右半部分），即在开发整体解决方案时尽早发现可能存在的错误，并在冲刺内直接纠正错误的策略。这种在快速开发循环中不断检查每个循环及从循环到循环的方法完全符合大陆集团的质量理念，并且也非常适合公司架构。

根据敏捷方法，开发团队基于Scrum框架自行组织每日站会，讨论当前冲

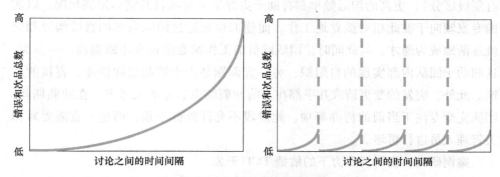

图 6.1 较短的开发周期是敏捷的典型特征

刺待办事项的进展,并明确当天的工作任务(票)(见图 6.2)。燃尽图记录了整体开发进度与冲刺计划。这种工作架构已经在软件开发中证明了自己的价值,它切实加快了软件迭代速度,因此也提高了软件成熟度。类似 JIRA 这样的工具可作为开发人员组织工作和与远程团队沟通的工具。高效的软件版本管控使其透明度在开发阶段也得到了提高。

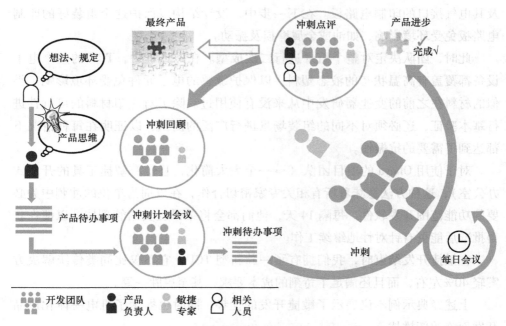

图 6.2 冲刺中的每日开发流程(包括 Scrum 站会)

对团队本身而言,敏捷的工作方式也有很大的优势,更短的沟通渠道(没有层级区分），更高的沟通频率都有助于更好地了解项目的整体发展状况。以前的专家倾向于彼此相对孤立地工作，而他们也正通过团队内部的直接沟通和交流逐渐地成为通才。与此同时，团队成员的工作满意度也在不断提高。一方面，这归功于团队内部实现的自组织；另一方面则是由于彼此之间快速、直接的反馈。此外，突发的变更请求几乎都在当前冲刺结束后才纳入考虑。在冲刺期间，团队完全专注于当前的待办事项。此阶段不允许外部干预，而这一点需要对相关管理人员进行再培训。

案例研究：高时间压力下的敏捷 TCU 开发

此处我们将用到一个在变速器产品开发中使用敏捷方法的例子，它与新版本的 TCU 有关。2015 年，大陆集团需要在很短的时间开发一款经济性特别高的新产品。

传统的 TCU 开发方法基本不可能在九个月内产生不但创新且具有成本效益的解决方案。因此，项目团队选择了一种自下而上的方法来开发新的完全集成式的 TCU。在第一步中，只设计了基本核心功能的组件。在这个概念阶段结束时，形成了一个带有表面贴装元件（表面贴装器件，SMD），必要的集成传感器及其电气接口的印制电路板。在下一步中，设计结构以保护这个组装好的印制电路板免受环境影响，如油或金属磨损及振动。

此时，团队决定对整个组件进行二次成型。在此过程中，TCU 的整个电子设备都覆盖有高温状态的液态塑料，以保护敏感的电子元件免受环境影响。类似的材料在之前的变速器研发中从来没有使用过。除了对注塑材料的可行性进行基本验证，还必须对不同的组装场景进行广泛的测试，以证明在每种情况下都达到了需要的抗振性。

对于使用 Obeya 的项目团队（≈一个大大简化，且带有敏捷工具的开放式办公室），这种方法意味着所有相关专家密切合作，在以周为单位的冲刺中为必要的功能范围开发软件。每隔 14 天，他们都会将结果提交给管理层，以便在获得批准后能更有针对性地继续工作。

在敏捷开发结束时，我们拥有了一款新型 TCU，它不仅比同类传统解决方案轻 40% 左右，而且还满足了苛刻的成本要求，甚至更胜一筹。

上述经典示例不仅展示了敏捷开发的优势，同时也揭示了机电一体化产品开发面临的新挑战：

1）根据敏捷原则开发软件与开发一个由多种算法及电子元器件组成的产品是完全不同的。

2）此外，某些组件（如 SMD）的使用也会对加工流程产生影响，必须将其纳入生产计划并集成到生产过程的测试程序中。

将 TCU 开发的所有流程步骤（包括采购物流计划在内）与敏捷软件开发（Sprint）进行适配无疑是一个巨大的挑战。与敏捷原则起源的纯软件开发相比，产品开发所涉及的公司职能部门数量要多得多。

然而，这绝不是反对将敏捷软件开发方法扩展为敏捷产品开发的论据。恰恰相反：在软件层级使用敏捷原则可以实现的优势是在整体产品开发级别引入敏捷原则的强烈动机。然而，这需要公司在业务领域进行重组。

6.2 敏捷原则的作用

基本上，敏捷（软件）开发直接回答了如何尽可能快地为客户提供他想要的东西这个问题。所以从市场的角度来看，这是与企业管理直接相关的：从长远来看，了解客户需求，然后将这些需求转化为有吸引力的解决方案的公司将会取得成功。

这就是为什么敏捷开发始于它的"倾听"能力。这种倾听应该在两个层面上进行。首先是直接指定的需求，这些内容通常总结在相关的规范中。但是，了解客户希望通过规范中的内容实现什么也同样重要。他对他的产品有什么要求？他的目标是什么？

起初听起来平平无奇的事情实际上是一项挑战。为了理解这一点，以上帝视角"俯瞰"敏捷产品开发在公司架构中所扮演的角色是很有帮助的。在变速器部门的实际例子中，有两个主要的点共同决定了最终的成功：

1）一方面，这是中长期的领导方向。对于变速器而言，这意味着明确从传统动力总成形式向多样化动力总成形式的发展趋势，并正面应对这样空前的变化。这还包括与市场上的其他主要供应商的积极沟通。这是能够在早期正确预测发展趋势，并积极加以引导的唯一方法。与此同时，高层领导们还必须考虑企业的组织架构和文化，因为只有将这两点都考虑在内的战略才能在实践中发挥作用并让团队真正参与进来。管理任务的巨大挑战在于，汽车行业目前正处在一个从稳定到波动，从确定到不确定，从简单到复杂，从清晰到开放的发展阶段。此外，随着动力总成的变化，电动汽车给市场带来了更多的复杂性和新的参与者。这些"青年军"一方面影响着整个市场，但另一方面它们也必须先学习其中的既有规则。所有这一切都会映射到 TCU 的研发过程中。在这样的环境下，建立清晰的愿景和战略，保持团队精神和热情及创造清晰的流程和组织架构就显得尤为重要。

2）另一方面，它也是关于日常流程组织方面的领导，即项目和流程的经典管理。敏捷开发是高效项目管理的方法或原则之一。管理人员必须确保项目的透明度和问责制，此外还可以使用一些方法使其在保持密切互动的同时应对商业和技术挑战（新工程方法，New Engineering Methods）。

此处简短总结了将敏捷软件开发方法集成到更大的产品组织中的好方法。如果将敏捷原则限制在软件开发等单一功能领域（就像迄今为止的情况一样），那么这种"文化变革"绝对可以很好地被引入一个孤立的领域；而在 TCU（包括硬件和软件）等综合性产品开发的情况下，这不再是一项简单的工作。而当面对的是更大的整体（整车）研发工作时，它也同样如此。

6.3 引入敏捷开发

以尽可能高的透明度来定义项目架构和项目责任是一项核心管理任务。在整体实施敏捷产品开发方法时，主要的关注点必须放在每个部门和整个组织中的众多接口上。主要目标是使整个开发过程适应快速循环的原则。必须解答的问题，如在什么时间节点可以检查哪些冲刺产出，以及硬件必须同时满足哪些要求等。只有成功地识别出这种相互依赖关系，并映射到进度表中时，才能保证其他部门可以继续按计划工作。由于变速器不仅由不同的部门（硬件和软件）负责，它们的工作地点也很可能不同，所以 Scrum 会议也必须考虑到这种组织架构。同时，敏捷开发流程必须在经过管理层认证的流程框架内运行，该框架必须明确定义，如对于 A 样需要检查哪些功能这样的问题。

在定点零部件时，尽早让采购人员介入是很有意义的（早期供应商介入，Early Supplier Involvement）。这能带来诸多好处，因为硬件相关的选择不仅取决于零部件的技术特征，还与供应商在整个采购过程中能够提供的支持有关。

6.3.1 变革的方法：全规模变革（Whole-Scale Change™）

如果在一个传统的长周期 V 字开发流程中引入敏捷开发，这将会对整个组织带来一次文化变革。与任何变革一样，这样的事业绝不可能水到渠成，而且必须以合理且可取的方式使其引起大多数员工的共鸣。这意味着需要激励员工自愿改变其工作方式，并接受新的流程。只有这样，他们才能真正在细节上践行敏捷原则，并做出贡献。例如，我们鼓励使用 Scrum 方法，并放弃传统的方法。这从来都不是一件容易的事（专门的变革管理研究领域是有其存在的理由的），而且是在一家在市场上具有技术领先地位的公司中，变革的动力自然不会很高。坦白地说，员工会有这样的想法：既然我们已经如此成功了，为什么还要做一些不同的事情？而变速器领域的相应经验表明，倾听用户需求是多么重要。持续联系客户及团队内部有关新发现问题的后续沟通是未来解决方案的宝贵起点。因此，更多的沟通也非常重要。

然而，沟通绝不是"来自上层命令"的传统开发方式。这需要尽可能多的人积极推动文化变革。敏捷原则强调直接的，快速的，日常的，没有层次架构的沟通，它非常适合之前的文化变革，其本身也是这种变革成功的前提条件。

在变速器部门，我们选择了全规模变革方法来为整体开发中应用敏捷原则做准备。这种方法可以追溯到 20 世纪 80 年代初期，它的起源与福特汽车公司紧密相关。最初是由凯西·丹妮米勒（Kathie Dannemiller）和查克·泰森（Chuck Tyson）发明，并取名为"实时战略变革"（Real-Time Strategic Change）。1990 年，保罗·D·托尔钦斯基（Paul D. Tolchinsky）博士将这种方法与社会技术系统领域的知识相结合，从而创造了实时工作设计（Real-Time Work Design）。自 1997 年来，上述综合方法以"全规模变革"这个名字逐渐为人所知（www.wholescalechange.com）。

基于这种方法的变更流程旨在快速实现新流程的全面、可持续传播。一个关键特征是让大量各级员工参与变革过程，不是作为旁观者或"接受命令"（如自上而下的方法），而是作为积极的推动者。这背后的原因很简单：如果一个组织想要有效地改变，那么最重要的是参与其中的人。

改变一个系统的最好方法是让整个系统都参与进来。微观世界是实时查看整个系统的最佳窗口。它们可以快速有效地访问整个系统。拥有大量经历范式转变的微观世界有助于整个组织转变。

在这样一个过程的开始阶段，通过各位员工（此处专指"专家"）和管理人员的不同看法制定出一个对每个人都可持续的通用模型。然后讨论对实现这一目标有意义的流程和架构。一旦组织开始正式行动，所有相关人员都会看到差异点是对传统方法的进步。这种个人认知导致组织中更多的人参与进来。这背后是一个公式，将变化过程的原因描述为一个简单的方程：$D \times V \times F > R$，它表明了对当前情况的不满（Dissatisfaction, D）与共同愿景（Vision, V）之间的联系，将它们与具体的第一步（个人的经验，FirstStep, F）相结合，并创造出比组织惯性（阻力，Resistance，R）更大的"力矩"。

6.3.2 具体实现

为了引入基于全规模变革管理原则的敏捷方法，变速器部门定义了一个包含反馈元素的多段流程。这个持续的过程始于一个小型领导团队的设立。根据"变革需要群众"的原则，这个管理团队选择了一个由大约 100 名参与者组成的大型集团（Large Group），他们作为启动团队熟悉车间变革的发展。大集团的参与者代表了变速器部门的缩影，他们需要提供他们看到的事实和他们对所在领域当前动作状态的看法。从这 100 个来源获得的知识可用于总结影响战略实施的边界条件。最后但同样重要的是，公司的这种"脑力"（Brain Power）有助于专注产品，并从对产品的理解转变为对系统的理解。

因为积极参与的基本原则被充分贯彻，所以最终不会以"耍小聪明"的形式为小型管理团队制定现成的方针，而是直接回答了大型集团所感兴趣的问题"整体战略是什么？"答案是："共同努力"。在不小的惊讶之后，这最终会形成大家所希望的"买入"（Buy in）效应，即自愿为整体战略做出积极贡献和改变的过程。

此外，变速器专家们组成的"脑力"还为重要的流程问题提供了答案，例如：谁最了解某一主题？谁能做出决定？如何升级？应该征求哪种意见？一旦完成了对此类流程和架构的定义，文化就会开始发生改变。此外，这一领域的知识对组织 Scrum 也很重要。

在与大型集团的研讨会上，我们就上述联系及敏捷工作方法的重要性展开了讨论。此外，大型集团的 100 名参与者有义务将研讨会的成果传递给他们的员工。为此，我们还以书面形式明确定义了哪些讨论结果和信息与后续各自团队发展相关，并且要求检查其中的各级沟通义务是否得到了遵守。这是出于公司的每一次变革都会引起各方动荡的考量。只有对变革的内容和目标进行公开交流，才能让员工对变革敞开心扉。

幸运的是，变速器部门的大集团很快适应了这一流程，并将它融会贯通。因为大家立即理解了变革的优点（原因），所以都展现出了极高的积极性。类似与客户进行更多的沟通、更多倾听及随后更快速地寻找解决方案的愿望很快被接受。从管理层的角度来看，这是一个理想的情况，因为只有让团队感到舒适，你才能获胜。而沟通是实现这一目标的推动力。此外更多的沟通还能形成讨论问题的开放环境，在不对个人造成负面影响的情况下解决各种问题。

6.3.3 敏捷方法及其工具的特点

变速器部门在最初使用敏捷原则时，借鉴了大部屋（Obeya）原则。Obeya 直译就是"大房间"的意思：日语音节 O 的意思是大，beya 则是房间/空间的意思。在将足够大的房间用作军事指挥中心之后，英语中也有"作战室"（War Room）的概念。不幸的是，这种翻译可能会有些误导，因为它可能暗示与军事指挥结构及严格的等级制度相关联。作为敏捷原则的一部分，Obeya 正好与之相反：从本质上讲，Obeya 只是一个足够大的空间，可以容纳整个团队的开发人员。与分层思维相比，Obeya 团队的特点是自我控制，自行决定如何处理开发任务。并通过对外的承诺和交付范围（要完成的工作）约束自己。这与"来自上层的订单"有着本质的区别。因此在很大程度上，Obeya 原则有助于激励团队成员。事实也证明 Obeya 团队的工作结果会变得更好，尤其是在质量方面。不幸的是，很难用一个指标来衡量开发质量和速度的提升，因为实际上没有一个变速器控制器（TCU）项目会与另外一个一模一样。其复杂性和需求通常因项目而异。尽管如此，在试点阶段我们仍得到了两个观察结果：

首先，Obeya 原则被证明是一种有效的"预警系统"。当你将它与根据 V 形模型的开发流程进行比较时，这一点将变得更加清晰。简而言之，V 形模型代表了一个单一的长迭代周期，只有在其结束时，系统测试才能揭示可能的基本设计错误。这是有问题的，其原因有两个：一方面，由于极端的时间压力（这在如今的市场环境中十分常见），本应该按部就班的 V 形模型步骤不得不推迟，甚至相互重叠。这意味着 TCU 的 B2 样件可能已经开始生产了，但 B1 样件的完整测试还没有完成。尽管事实上这些结果应该是 B2 样件开发的"输入"信息；另一方面，电子产品的开发迭代速度如此之快，以至于长周期从其根本上就是有问题的。在开发过程中需要进行更改的可能性非常高，以至于 V 形模型循环变得过于烦琐。而 Obeya 预警系统从一开始就确认了开发方向是否正确。具有众多短循环的敏捷开发看起来像是一系列众多的、小的"V 循环"。因为总是持续对已开发完成部分的功能进行测试，所以更容易预测最终的系统测试结果。

其次，在大部屋中自行组织管理的团队形成了更直接、更快捷的沟通。频繁的 Scrum 会议（通常是每天很短的团队会议）提高了计划能力，因为团队成员能够立即讨论瓶颈、问题和相应的解决方案。这提高了响应速度和预测质量。在 Scrum 会议中，未完成的任务使用看板进行分区和分发，这是一种非常灵活且实用的方法（见图 6.3）。变速器部门的 Scrum 会议频率并没有完全固定，团队自行决定是否需要每天或每三天召开一次 Scrum 会议。在这方面，Obeya 团队可以自由地过上某种"他们自己的生活"。通过这种方式，团队还可以确定冲刺（有具体定义的任务范围的开发周期）应该持续多长时间。尽管 14 天是常见的冲刺持续时间，团队也可以设置其他周期时间。在变速箱领域的整体开发中，这有具体的事实原因：虽然 Obeya 软件可以在 14 天内发布，但硬件的开发可能需要完全不同的迭代周期。因此，团队可以自由地决定自己的开发系统。这个概念不能过于"咬文嚼字"而导致无法真正发挥作用。这其中还包括自我提升过程。而这种自由在与其他 Obeya 团队出现依赖关系（相互供应）时结束。

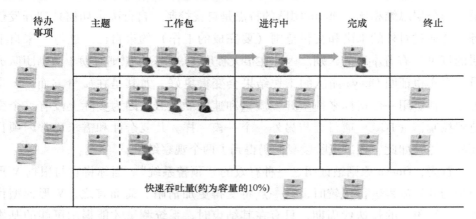

图 6.3 看板是冲刺中定期 Scrum 会议的辅助工具

在变速器开发中，不仅需要协调不同的团队，如硬件和软件之间，而且还要协调不同的办公地点。所谓的规模化敏捷（Scrum of Scrums）可用于连接它们，如图 6.4 所示。从现实的角度来看，敏捷原则在跨职能和分布式团队中也有一定的局限性。跨地点的虚拟看板仅在有限的范围内起作用。虽然人们可以在各个 Obeya 团队之间使用电子看板传递信息，但没有什么比面对面的接触更好了。因此，我们会鼓励团队成员出差。Obeya 团队也需要很多的人与人之间的沟通和互动，但大家常常忘记这一点。因此，直接协同工作原则是最棒的。当团队成员彼此相识时，虚拟团队会议才会真正起作用。这一现象表明了团队精神对敏捷原则的重要性。在项目过程中，团队组成允许发生变化。随着工作重点的转移（如在工业化阶段），有必要接纳新的团队成员，并将其他人带回"经典"项目工作或另一个 Obeya 中。

正是因为沟通能力对正常运作的 Obeya 团队至关重要，所以成员选择也变得更加重要。事实证明，所有在 Obeya 团队从事敏捷工作的员工日后都支持这

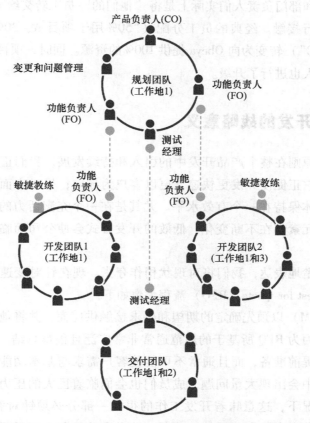

图 6.4 分布于多个办公室的分布式开发，规模化敏捷方法将团队相互联系起来

一原则。同时，必须承认有一些专家无法以敏捷团队合作所必需的方式进行交流。但这绝不是你将他排除在团队之外的理由！那些不能理解 Obeya 原则的人，很难得到团队的认可。这是在为团队提供更大的自由和更多的个人责任的同时依赖员工的能力前进。

到目前为止已经对整体团队进行了很多讨论，还有一个方面需要强调：Obeya 项目经理的思维方式（Mind-Set）对实现真正的认同关系也至关重要。只有当敏捷方法带来更令人满意的工作方式时，团队才能比使用 V 模型时更好地推进项目。当然，Scrum 会议和看板也创造了高度的透明度，即 Scrum 会议中工作承诺哪些在冲刺期间能够守住，而哪些又有风险。公平地处理这种透明度是避免团队中出现阻力的先决条件。因此，项目经理作为"推动者"的个性和引导起着重要作用。而高层管理者们也是如此，因为 Obeya 方法打破了传统的思维路线。经理和部门负责人们实际上是将"他们的"员工转交给了 Obeya，不再直接和他们进行接触。经典的员工分配（"50%用于项目 A，30%用于项目 B，20%用于项目 C"）转变为向 Obeya 提供 100%的资源。同时，项目经理的职能相对于部门负责人也进行了升级。

6.4　敏捷开发的战略意义

随着敏捷原则在整个产品开发中的引入和持续发展，我们正在实现双重目标。一方面，它正促使开发更快速，更以客户为导向；另一方面，它也有助于将开发成本总体保持在一个有效水平。尤其是在一个充满活力的市场中，许多新解决方案的元素都在不断变化，低效的开发方式会使公司面临失去对该领域控制的风险。

为了更清楚地表达，我们将对现状稍作夸张。现在针对变速器控制器的报价请求（Request for Quota，RFQ）流程大致如下：

客户（OEM）以预先确定的期望和要求接触供应商，并将他们置于长期的时间压力下，因为 RFQ 所基于的规范通常非常广泛且很难总结。在产品开发之初，由于没有提前准备，而且通常不可能使客户需求与基本功能的重用策略保持一致，团队中会出现大量问题，成员们也会面临着巨大的压力。在没有有效解决方案的情况下，这意味着开发工作的很大一部分必须针对客户独立进行，而只有一小部分来自平台（重用）产品。这种方法不仅会对质量产生影响，而且会增加成本。此外它还有一个极大的缺点：与客户的沟通是单向的。这提高了团队的压力水平，而重复效应本应实现的有效学习曲线在很大程度上出现了缺失。

这种低效背后的真正原因是可以理解为客户对最大可能的自由度（灵活性）的渴望。在供应商这一边，情况则恰恰相反：他们希望全面重用已经通过测试并发布的基本功能，以便能够以合理的支出/回报率来实现快速开发。

敏捷原则为在经过验证的解决方案组件和 OEM 独特卖点的实施之间找到平衡做出了重大贡献。根据趋势分析（趋势探索，Trend Scouting）和针对已识别需求解决方案的预研发工作使整体的未来开发过程开始得更早。这是关于澄清市场实际目标并参与其中的决策过程。在这个讨论、咨询、预研发及系统开发的过程中，功能上重要的产品特征（特性）会被识别并标准化为平台内的一个功能块，如图 6.5 所示。更高级的开发任务是找到优化产品的解决方案。6.1 节中的案例研究说明了这其中的含义。反过来，系统开发的任务也正包含优化系统本身。

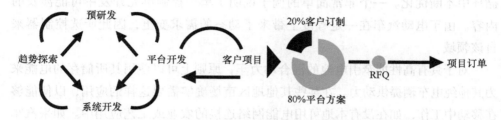

图 6.5　通过趋势探索和预研发实现更快速的 RFQ 响应

为了能够尽可能频繁和高效地使用新功能，如减少燃料消耗，从而减少二氧化碳排放，有必要提前优化这些功能。车辆制造商可以将此类功能用作平台解决方案中的附加特性，以进一步提高车辆的整体效率。

以形成带有反馈的小型控制回路的方式进行预研工作的基础是与客户的频繁讨论，这有助于确定未来应用的核心产品竞争力。在这样的控制循环过程之后明确 RFQ，变速器部门会完全清楚客户方面的基本期望和目标。在这种不同的初始情况下，解决方案的核心功能可以使用已有的平台，而敏捷开发则通过子功能专注于客户特定的差异化卖点。

为了实现与客户之间的有效沟通，需要满足两个条件：

1）一方面，对客户方面的需求和目标进行尽早分析，并主动地寻求改进整个系统的方案。

2）另一方面，不断质疑现有的概念和流程。

这个准备过程从趋势探索开始，相关人员至少将目光设定在未来五年内，并试图找到新的需求和由此产生的创新性解决方案的必要性。他们的座右铭是："我们为客户解决的每一个可能的问题都是一份礼物"。

预研人员一直在寻找更好、更快或更强大的解决方案。受趋势调查的结果和日益增加的成本压力启发，他们在内部寻求新的、更好的解决方案，并与相关研究机构合作。只有当一个组件使其整体系统也受益时，它才是好的，因此各个组件之间的配合也必须得到改进。软件优化在这里起着特别重要的作用。

在此准备工作的基础上，可以与客户进行有针对性且富有成果的讨论。在多轮优化循环中，可以开发出一个让客户满意的概念，而且它可以有效利用其他开发部门的初步工作。对于之后的项目应用，由于所使用的流程都已经过验证，因此大部分项目风险都得到了缓解。这使项目团队更容易使用敏捷流程，因为会影响规划的干扰变少了。

当然，敏捷原则早已用于基础功能的开发，使它们也可以根据需求在快速循环中不断优化。一个非常简单的例子说明了单个控制单元开发中可能涉及的内容。由于电动汽车在一定程度上带来了动态的需求变更，因此所选控制器来自该领域。

对于具有高性能牵引电池的混合动力车，原则上可以使用其所储存的电能来为其他纯电车辆提供动力。在某些其他地区市场确实需要这样的应用，以便能够在移动中工作，如在没有本地可用电能网络连接的农业或工艺应用中。如果汽车制造商决定在他们的一个或多个平台设计中提供此选项，通常是运动型多功能车（SUV），那么这些车辆的电气架构必须提供用于电源电压输出插座的可能性。

但是，只有部分客户会订购此选项，因此除了插座选项，还应该提供可供选择的额外电流路径、更强大的电池、更高的发动机输出功率和电路板在控制单元中不同的布置方式（针对高压功能）。这不仅会对生产（各种变体）产生影响，而且对测试也会产生影响，因为控制单元（ECU）中的电路板在其温度稳定性和抗振性方面的表现取决于装配方式。最终，控制单元上连接器的针脚数量也有变化，需要密封未使用的接口。所有这些连锁影响和依赖关系都必须加以考虑，并加以限定。但理想情况下，只需在最初的开发过程考虑一次。作为平台内的重用功能，不再需要为每个应用领域进行这项工作。这种方法的先决条件是始终透明的产品结构，它旨在使产品在功能层面上实现标准化。

6.5 经验教训

在敏捷工作方式开始时，我们需要一个清晰的项目清单，对整体流程进行讨论和调整。不仅要分配责任，而且要保证它们被理解和接受。然而，最重要的是明确参与各方之间的众多接口。与所有项目一样，重要的是让项目团队的资源和专业知识透明化，并在早期阶段发现漏洞。冲刺方法在项目过程中非常有用，因为其可以尽早地识别错误和偏差（早期发现问题并快速修复，fail early and fix quickly）。

由于在大多数情况下，开发是跨地点进行的，因此对于这一点的管理也很重要。这种分布式开发的优势在于将专业知识集中在现场，并且可以更接近客户。当然在开发过程中，工作包的分解不能太细，需要保证工作与实际产出保持健康的比例，否则工作效率会大打折扣。

原则上，决策应在组织内尽可能低的级别做出，因为只有一线成员才能真正拥有完整详细的信息。简而言之：工作包应在它们实际被处理的地方进行分解。在需要向上升级的情况下，成员们必须做好充分的准备，这意味着清晰明确的优缺点分析或提出替代方案作为选项。在任何情况下，升级都必须基于组织架构！跳级会破坏系统对任务的识别（买入，Buy-in），从而危及项目目标。

应用功能开发项目复杂性的降低支持了日益重要的客户对缩短上市时间的要求。最好的方法是平台开发，且只有与整个系统的系统优化相结合才能真正发挥作用。其目的是实现功能层面的复用，进一步开发更多的平台化功能。随着时间的推移，这些平台化功能将成为下一个客户功能的"积木块"。

只要上述"积木块"与客户的要求兼容，应用功能开发就可以直接使用它们，并尽可能地使它们成为最适合客户要求的变速器控制器解决方案。这意味着可以使用安全模块，加快开发进度，同时降低开发风险。而从客户的角度来看，独特的卖点同样也能够实现，与此相关的开发资源得益于通用模块开发份额的减少。

作为项目管理的敏捷工作方式也有极大的贡献，因为高透明度意味着团队可以快速做出反应并尽早消除偏差。

6.6 总结与展望

敏捷软件开发的"经典"优势也适用于敏捷产品开发：

1）使用敏捷原则，可以更灵活地开发产品，因为与V模型的方法相比，该过程更具响应性，并且可以更好地应对项目过程中的变化。

2）敏捷工作提供了快速、可执行且迭代增长的子解决方案。开发过程成为一个具有紧密反馈（冲刺/Scrum）和高质量水平的控制循环。

3）在冲刺期间，团队成员可以不受干扰地工作，并以最佳方式安排自己的时间和工作。

4）规模化敏捷可以用于实现全球分布式团队之间的协调工作。

5）开发中更好的可规划性减轻了组织的压力。

6）通过同时构建具有重用功能的平台，项目中未来的敏捷开发可以专注于客户特定的应用功能（独特的卖点）。

7）敏捷工作方式可以形成"顺畅"的工作流（没有"湍流"干扰）和整体更高的工作满意度。其中的部分原因是所有团队成员之间的信息流更加密集和平等。

沟通在敏捷产品开发的成功中起着绝对关键的作用。这其中的一个重要因素是在与客户接触后诚实的报告和以结果为导向的问题分析及由此产生的解决方案。一旦员工在敏捷工作的具体实施中体验到"实践出真知"的快乐后，每个人都会选择加入。变速器部门的经验很清楚：员工想参与进来！几乎没有任何实际经验能比可以发表关于发展战略方向的意见更激励人心了。即使最终不是每个细节都在单独的点上得以实现，成员们的典型反应如下："我个人可能会做不同的事情，但我支持它，因为我全程参与了讨论，并见证了它的诞生"。这种信任和态度对未来的业务发展具有无限的价值。

整个过程包括了大约20次研讨会，并将会议结果记录在一个易于理解和可视化的漫画协议中。所描述的文化变革已被证明是未来快速增长的推动力。"倾听——解决——说服"的战略链行之有效并取得了成果。

整体敏捷开发的一大挑战是同步各个Obeya团队，这是最棘手的问题所在。以适合变速器控制器产品生命周期（Product Life Cycle，PLC）的方式连接各个团队冲刺中的主要任务，并很好地维护各个看板系统是一门艺术。因此，Scrum会议和看板在整体开发中绝不能被孤立。制定普遍适用的方法标准的工作仍在进行中。这有关于团队如何相互配合及如何满足关键的项目时间节点。因此我们需要从专业学科的科学知识出发，形成跨职能的整体项目思维。这会自动将你带到组织设置的各个工作层级，作为公司或业务部门，你必须回答这个问题：现在的组织是否能应对当前挑战。这是一个重大的重新思考，而且可能会在学科与项目之间产生摩擦。尽管如此，使用大部屋、冲刺和Scrum进行整体产品敏捷开发的方针是正确的。你能使用敏捷原则对快速且不断变化的需求做出反应。敏捷方法的自我控制机制不仅有助于在要求更高的环境中生存，而且有助于领导工作的展开。

变速器部门中的沟通也证实了文化改变是正确的。敏捷团队不仅根据他们的工作流程组织自己，他们还在与客户接触后相互快速提供反馈，以便将这些知识、信息和问题用作解决方案的起点。开发文化得到了显著的提升，并更具有前瞻性。

参考文献

http://www.wholescalechange.com/history-and-background.

Dannemiller Tyson Associates. Dannemiller, K. D., Tolchinsky, P. D. [et al.]: Whole-scale change: Unleashing the magic in organizations, S.7, Berrett-Koehler, San Francisco 2000.

第 7 章
敏捷在德尔格

斯蒂芬·塞弗林

今天几乎所有的公司都面临着同样的重大挑战。新想法市场化的透明程度和传播速度在很短的时间内引发了整个工业部门的革命。越来越多的解决方案迫使老牌公司采用新的思维方式，以不断提高自身创新过程的速度。今天，规模或历史已无法保证公司在未来十年的市场地位。能够最快速适应不断变化的市场条件的公司才能生存下来。

我们从竞争对手和合作伙伴那里观察到，整个创新领域目前正处于剧变状态。公司产生新想法和推动创新的方式正在发生根本性变化。时至今日，对创新实现的理解以面向过程的方法为特征。从产生想法到实施的过程遵循清晰有序的过程，这一想法仍然牢牢扎根于许多人的脑海中。公司需要发现可以提高研发速度的新方法，以便开发创新，然后尽快将其推向市场。产品解决方案变得越来越复杂和网络化。与此同时，变化的速度也在进一步提高。因此，越来越多的科技公司从"创新提供者"（传统的创新发明者，Innovation Provider）转变为"创新消费者"（Innovation Consumer）或"创新推动者"（Innovation Enabler）。这意味着公司越来越多地使用创新技术，消费它们或通过外部资源实现它们并使其适应自己的需求。这需要新的方法来实现项目。

敏捷开发可能是通往持续变革的重要一步，在迈出这一步后，公司整体将表现得更加敏捷。接下来我将描述我们在德尔格所走的道路：从敏捷开发的第一次经验到实现复杂项目，以及由此形成的日益重要的边界条件，来保证公司启动可持续的变革过程。

从技术驱动型公司的角度来看，以上这点非常重要。因为在当今环境中，经典方法不足以保证公司获得竞争优势。敏捷性也随着创新实力的加强和进一步发展而出现。

敏捷性和创新性无法通过命令产生。创新还常常出现在不受公司控制的文化和社会环境条件下，它通常也不是个别天才作品的总和。创新首先是一种社会现象。我们从各种失败的案例中发现，如果没有赞助商、员工、客户及竞争对手（非常重要）共同创造的有利社会环境，创新者们会无法产生和实施成功的创新，即有利可图的创新；文化也同样起着作用。去年还看起来很疯狂的事情在今年已经变得司空见惯；当然，还有内部因素的影响。重要的是，在合适的时间以合适的方式在合适的环境中就相关主题汇集合适的资源。

在德尔格，我们将创新及其具体实施视为我们的核心竞争力。它创造了客户利益和竞争优势。但是我们怎样才能增加我们的创新实力呢？我们如何才能通过合适的创新文化产生竞争优势，从而从竞争中脱颖而出？我们一直在问自己这些问题。在此过程中，我们提出了许多想法并开始实施它们。

7.1 在德尔格引入敏捷方法

　　引入敏捷开发是公司发展的一个重要的组成部分，它可能也是我们今天在公司所经历的变革的开始信号。一开始我们对"敏捷"一词的理解非常狭隘，最初只将其应用于软件开发。

　　早在2009年，我们就进行了第一次试验。两位同事在我们位于美国的一个办公室主动发起和推广了这个话题，并与外部顾问一起组织了第一次Scrum培训。当时的重点完全放在了软件团队上。这更多是出于个人的好奇心和他们尝试新事物的愿望，而不是建立一个有明确目标组织的过程。然而，在软件团队完全接受这一改变后，"火花"迅速从我们波士顿附近的办公室蔓延到了其他地点。2010年，有同事尝试通过起草《敏捷软件开发手册》（Agile Software Development Handbook）将该方法在全公司内推广。

　　然而，以这种方式进一步推广敏捷的尝试失败了，我们很快从中意识到它不能被规定。然而，在软件开发的第一次体验之后，我们发现来自其他领域的高管们表现出了越来越多的兴趣，他们渴望自己获得相关的经验。

　　尽管还没有在整个集团中全面应用，我们现在正在许多领域尝试敏捷开发和组建相关的管理团队。总的来说，作为一家公司，我们仍然更多地处于"爱好区"（Hobby-Zone）。然而，特别是在去年，我们经历了真正的繁荣，现在正有意识地计划迈出下一步——"承诺区"（Commitment-Zone）。对于我们公司来说，这意味着从敏捷软件开发的狭隘观察领域出发，并逐步形成敏捷组织。在下文中，我将概述我们已经拥有良好经验，并展示我们仍在尝试的领域。

　　一开始，我们并没有为对敏捷开发感兴趣的员工设置特定的路径。相反，我们通过灯塔项目（Leuchtturm-Projekte）将新方法的应用带入了组织。具体实施留给管理人员及其团队，他们可以根据实际情况特别处理。在吕贝克总部，我们组织了培训课程，为大家提供了一个大致的基本认识。这些提议最初被那些渴望新事物的"知识野蛮人"所接受。我们希望他们有高度的积极性，从而可以进一步对他们的团队产生影响。因此，我们特意给了他们很大的自由来实现个性化的解决方案。因此，我们的团队现在拥有不同级别的敏捷成熟度，但他们能够自己找到最佳路径并在必要时进行纠正。因此，敏捷并未被视为"从上而下"的命令，而是稳健地"自行生长"。

我们公司内部存在着很多不同的形式敏捷方法。通常情况下，在成功和时间压力最大的地方，我们总能感受到最大的改变意愿，而敏捷方法总能在这里得到坚定不移的支持。

在美国市场获得了压缩空气呼吸器（SCBA＝自给式呼吸器）的批准是我们取得的第一次重大的切实可见的成功，因为各个国家的测试和批准标准有时会大相径庭，实践中的用例对此起着决定性作用。这款产品是救援人员的呼吸调节器。美国与欧洲适用的消防规则不同，这就是为什么必须在不同条件下对设备进行测试的原因。在我们的案例中，我们多次未能获得美国国家职业安全与健康研究所（NIOSH）的批准，这就是我们在美国市场遇到巨大问题的原因。一位已经在吕贝克以敏捷模式开始开发项目的高管被派往美国现场支持团队。最终分析表明，组织之间的合作存在缺陷，但公司没有适当的方法来解决这种危机，职能部门之间也没有充分的沟通，使该项目陷入了死胡同。凭借已有的敏捷项目经验，当地管理层当机立断，决定立刻引入新的工作方式。一个工作组从头开始成立，其成员无须过多培训即可立即使用敏捷方法中的要点。每两周一轮的冲刺，每日站会和回顾形成了开发框架。经过三、四次的冲刺，他们已经找到了不错的节奏。新的工作方式（新工作模式）从一开始就得到了当地管理层的大力支持。具体工作指示由借调经理下达；与此同时，敏捷开发的培训也立即展开。

该项目非常成功，我们获得了批准，于是就出现了一个新问题，即我们是否可以将敏捷方法应用到产品的全生命周期（LCE），以便将其积极的方面进一步引入公司。这种被接受的"新工作模式"不再仅仅是某个项目的一部分，而是全集团内部的一种持续工作模式。冲刺的周期被延长到四个星期。到目前为止，我们取得了很好的成果。

敏捷项目工作方法对团队的影响如图 7.1 所示。在项目开始时，团队成员回答了 12 个问题；仅仅四个月后，我们又问了同样的问题。

"在挑战最大的地方取得最好的成果"

类似前文描述的 SCBA 这样的灯塔项目确保了我们能够在公司中引起对敏捷方法的更多兴趣。例如，一个麻醉机硬件开发团队也切换了"敏捷模式"。

作为大规模效率改进计划的一部分，我们随后更仔细地研究了方法论和成功标准。与此同时，我们已经在公司达到了一个里程碑，我们建立起了一个有敏捷经验的员工交流平台。在此过程中，我们研究了我们认为成功实施该方法所必需的先决条件。成功的标准包括：错误被视为学习的机会；团队具有内在动力；相关成员享受工作；团队成员乐于分享他们的知识；团队欣赏新的想法和想法的多样性；团队欢迎改变。

编号	团队检查问题	团队均值（2014.3）	团队均值（2014.7）	增长
1	所有团队成员是否都清楚公司对他们的期待	6.1	7.5	1.4
2	团队的成功是否来自于全体成员参与决定的重要决策	4.5	8.2	3.7
3	团队会议中确定的结果和行动是否令人满意	5.0	6.9	1.9
4	团队的整体环境是否允许成员公开表达自己的不同意见，不确定性和恐惧	4.9	7.8	2.9
5	团队氛围是否积极向上	3.6	7.5	3.9
6	当出现冲突时，我们是否试图寻找双赢的解决方案	4.5	7.2	2.7
7	在团队中我们是否保持公开、诚实的沟通	4.5	7.9	3.3
8	我们是否能较早地发现潜在冲突，并积极地应对	4.8	6.9	2.1
9	团队中每位成员的目标、职责和角色是否都十分清晰	6.8	8.3	1.5
10	成员间的合作是否十分出色	4.6	7.4	2.8
11	总体来说，团队成员的合作效率如何	5.0	7.1	2.1
12	团队成员是否能很好地适应相互之间的语言障碍和专业知识区别	0.0	8.5	8.5

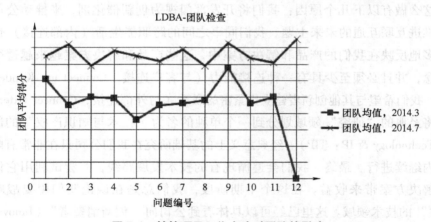

图7.1　敏捷项目工作方法对团队的影响

"高度认同我们的管理准则创造了接受度。"

这些"要求"适用于在去年重新定位并发展出与管理准则类似的价值观的团队或部门。德尔格的基本领导、合作模式对敏捷的广泛覆盖有着极大的帮助。团队已经认识到有机会实施并实现我们的合作价值观。这种变化发生得很快，并且大多都是跨功能的。

从那以后发生了很多事情。除了硬件开发和全生命周期领域的其他项目，我们还在管理问题方面获得了越来越多的经验。不断增强的创新实力来自于公司为其创造的环境。在更详细地介绍敏捷开发经验之前，简要介绍一下公司同时发生的事情，以及它们是如何对敏捷组织变革做出贡献的。

7.2 最佳环境

1. 组织架构

只有和正确的人一同合作，并且方法论能正确支持流程或者至少组织内部不会制造额外障碍的情况下，敏捷方法才能真正发挥作用。

在软件开发中使用敏捷的公司想要成为一家真正的敏捷公司还有很长的路要走。它所面临的挑战异常之大，因为在多数情况下，它需要对公司行为进行深刻改变。即使组织形式本身不能体现敏捷性，它仍可以支持变革并积极地配合。

创新部门的重组迈出了重要的第一步。大约两年前，开发团队进行了组织架构调整。在此背景下，该职能部门的名称也发生了变化：从那时起，德尔格的开发部门更名为 Connect & Develop（C&D），而不再是 Research & Develop（R&D）。我们这么做有以下几个原因：我们将开发部门视为创新催化剂，来推动公司发展和推进互联互通的未来主题。我们同事之间的跨职能生活（内部连接）也越来越多地反映在我们的产品和解决方案中，这些产品和解决方案越来越遵循系统概念，并且必须至少具有一种连接能力（与客户连接，Connect mit Kunden）。此外，我们希望与其他创新者建立更紧密的联系（与外部连接，Connect Extern）。我们将经典的"研究"领域划分到一个单独的名为"技术与知识产权"的部门中（Technology & IP：TIP）。经典意义上的基础研究在我们公司只在非常有限的范围内继续进行。最终，我们会遵循现有的技术发展路线，并尝试利用它们为客户解决方案带来收益。在这个早期阶段，我们总是在谈论我们想要战略性"占领"的技术领域。这里已经可以具体看到公司向"创新消费者"（Innovation Consumer）的转变。

产品管理（Produkt Management，PM）现在也是创新领域的一部分。这种"上层"重组意味着 TIP、PM 和 C&D 之间的互动将更加紧密。

2. 角色

我们的组织架构非常不同。这一方面是因为公司产品的多样性，另一方面则归因于现有的能力，当然也和我们的员工经历和特点有关。我们认为，单纯的敏捷开发教学能够适应这样一个复杂的环境，并且只需要适应其核心要素即可。

核心团队成员的角色，特别是对他们的期望必须提前非常清晰且准确地制定出来。这是避免失望的最重要保障。向敏捷转变是大多数公司正在经历着真正文化变革。员工根据他们以前的积极经验采取行动，以实现真正的"改变"。小型项目（实验）是非常适合的：从小处着手并保持专注。

从小处着手并保持专注。

我们组织了过去实验的经验交流会。我们发现，这些成功的灯塔项目为大家理解机会（和风险）提供了更多的角度。因此，成员们更愿意进行可比较的实验，他们会变得更相信自己。

如果我们审视最重要的角色，我们总能发现有一支核心团队担任着"产品总经理"的角色。这个"产品负责人团队"（POT）负责项目的方方面面。这也意味着确保开发出"正确"的产品并遵循最佳开发顺序。一支出色的 POT 队伍必须能够找到各个优先级任务之间的平衡。他们为团队提供服务，并且必须具备为产品做出决策的能力。我们的 POT 由项目经理（PL）和产品经理（PM）组成，他们的另一位合作伙伴，尤其是面对复杂的开发任务，是系统工程师（SI）。

我们努力在整个组织中建立一种理解，即成功的产品开发是一项真正的跨职能成就。当产品符合市场预期时，即我们取得了成功。我们根据产品发布期间的销售数据来评价这一点。它必须在连续两个季度达到计划数量的至少 80%。通过这种方法，我们确保在交付纯技术解决方案时，从开发的角度来看，项目其实并没有结束。这也是为了确保所涉及的职能（如采购、产品管理、生产、质量、审批）从一开始就致力于相同的项目目标，并且（必须）积极参与。每个人都对自己的部分及整体结果负责。诚然，这是一个真正的理想化目标。为此我们需要为那些对自己工作高度认同并习惯于独立工作的员工提供服务。并非所有公司都能做到这一点，项目或公司越大，相关人员就越有可能退出流程环境并扮演被动的角色。为了防止这种情况发生，并使项目实施更加敏捷，从而整体上更加透明和快速，我们非常重视对敏捷项目中角色的共同理解。

因此，项目经理最初并不将自己视为开发部门的员工，而是将自己视为跨职能团队的领导者，其唯一的任务就是兑现在功能、成本和时间方面做出的承诺，这一点极为重要！他能得到覆盖市场（PM）并掌握技术复杂性（SI）的团队成员的支持。对我们来说，这意味着思维方式的重大变化，也意味着对项目经理选择和培养的不同方向。今天的项目经理必须越来越能够通过问题来领导，而不再是通过知识。这些是对角色理解的根本变化，同时也是对敏捷性和敏捷开发的核心要求。

我们还对系统工程师（或系统架构师，System-Architekten）这一角色提出了特殊挑战。项目经理和系统架构师之间的互动非常重要，因为系统工程师必须监督和协调系统的技术复杂性。因此，他是项目中的技术主导，项目经理在其背后支持。除了技术专长，系统工程师还必须得是一个良好的沟通者，以确保各个部门之间交流的透明度。此外，对工作流程的深入了解也有助于更好地展开协调工作。

我们已决定在内部为 POT 提供一名外部变更经理（Change Manager），他将作为教练，在有限时间内为公司做好承接大型敏捷项目的发展提供帮助。该变更经理的任务是指导各个团队并确保他们遵守角色。我们认为这也将成为团队成员个人发展的重要组成部分。与敏捷教练相比，变革经理将更多地关注跨职能整合和领导力方面。在这些方面，他甚至可以向敏捷教练提供指导。由于到目前为止，我们的敏捷教练基本上只在较小的项目中获得了经验，并且公司整体也仍在尝试适应新的角色，我们认为经验丰富的外部教练可以为所有涉及的角色提供真正的附加值。

拥有一支正确的团队绝对是在敏捷项目中取得成功的最重要先决条件。然而，还有其他一些框架条件在敏捷环境中也变得越来越重要，并且需要更多的支持。因此，我们将进入创新管理领域，并且我们将在敏捷项目的各种举措中受益。

7.3 创新管理作为加速器

德尔格已经启动了多项计划来支持向敏捷公司过渡。除了在创业场景中建立沟通网络、更积极的技术探索和其他技术活动，最重要的一步就是创建了一个单独的"创新管理"部门。这是一个可以尝试新想法的地方。作为第一步，我们为了表明支持推动创新而建立了一个"车库"（见图 7.2）。在一个旧生产大厅的数百平方米的空间中创建了一种没有等级的创意合作自由区。在这个由创新管理部门管理的前生产大楼中，最新技术可用于灵活的创新项目——随时随地开始。为了建立这个"车库",必须做很多准备工作:从整理旧家具到获得工作委员会的批准,再到全天候的门禁系统设置等。

图 7.2 "车库"一瞥

有了"车库",每个人都可以看到敏捷组织的转变。此外,其他一系列举措也都遵循敏捷理念,改变了公司的整体观点。我想简要介绍其中两项,它们为公司带来了广泛的跨职能敏捷性,这使我们能够为之后的敏捷项目获得非常宝贵的经验:每日交付和创新之盒。

7.4 每日交付⊖

所谓的每日交付(Ship-It-Days)被证明是一个很好的培训方法。其目标是在 24h 内开发出成品。所有的开发想法是事先经过沟通的,员工们可以决定他们是否愿意就其中某些主题开展工作。但是,最终能否参与的决定还是取决于创意贡献者。在接下来的 24h 内,他们会尝试开发一款可销售的产品。开发工作在不断迭代的循环中体现出了高度的敏捷性。通过每日交付,我们注意到团队从名为"流程"紧身衣中解放了出来,能够提出非常有趣的解决方案。另一方面,我们发现取得成功的往往是非常小的团队。因为只有真正能够通过自身专业知识提供具体附加值的人才会聚集在一起。我们还观察到团队成员们对研究这些主题表现出了很高水平的内在动力。我们在这些活动中获得了丰富的

⊖ 这是德尔格自创的专业名词,意思是每日交付。——译者注

经验，并将它们积极地融入日常项目工作中。我们的付出是可控的，其成果对公司有很大的吸引力。

7.5 创新之盒

相比之下，创新之盒（Kickbox）项目是一项真正的挑战。我们希望借助它在更广泛的基础上，更好地利用员工的创新能力。吕贝克工厂约有5000名员工，这其中蕴含着我们难以想象的创新潜力。但是如何挖掘这种潜力呢？

对于一家拥有悠久汉萨同盟历史的成长型公司来说，我们找到了一种非常不寻常的方式。2016年3月，另一种颜色突然出现在德尔格：红色。我们在整个工厂内开展了一场内部宣传活动，这引起了人们的好奇。在活动结束时，我们展示了Kickbox计划（见图7.3）。它的任务是在我们的员工队伍中找出创新者。这一活动在两个方面对我们很有吸引力：一方面，从我们自己的队伍中找到好的新商业模式和技术解决方案，而这些在日常业务中几乎没有发展空间；另一方面，我们希望这将是一个很好的机会，可以对企业文化产生积极影响，并在创造性、独立性方面向员工们传达工作的乐趣。作为成功创新项目不可或缺的一部分，对错误的容忍也是我们所希望获得的经验的一部分。总而言之，这些都是我们在敏捷开发中看到的需求。

"Kickbox"源于一家知名软件公司的一个想法。基于这个理念，该公司成功地在原来的模块化系统中形成了一套可完成验证的创新开发计划，公司和员工个人都可以对他们的需求进行分解。因此，我们在德尔格实现了各种新想法的快速收集、测试、成熟度评估甚至是实践，过程中没有遇到任何阻碍。每个有创新想法的员工都可以请求这样一个红色的Kickbox，并有时间检查他们想法的可行性。

员工提交了120个想法。提交的先决条件是使用商业模式图（Business Model Canvas），通过它可以轻松地可视化并测试商业模型或创业想法。最终有六个创意被选中，它们将在赞助商的帮助下在公司进一步开发并成功推向市场。这些内部微型初创企业的工作环境高度灵活，并在整体上支持即将到来的文化变革。

虽然大家一开始十分谨慎，甚至不愿意使用"车库"除开发之外的大部分功能，但那片创意空间已经几乎无法摆脱新的建议和想法了。

180 项目组	120 项目组	30 项目组	20 项目组	6 项目组
创新之盒 （Kickbox）	初筛 （Boxen）	正式登记 （Anmeldungen）	评审通过 （Zugelassen）	正式执行 （Blueboxen）
递交申请 （Antraege）	分组评审 （Verteilt）	创智赢家 （Sharktank）	第二轮创智赢家 （ZumSharktank）	分组评审 （Verteilt）

图 7.3　引入 Kickbox

创新之旅

120 位 Kickbox 所有者踏上了激动人心的旅程。他们每个人都像在创办自己的小初创公司一样。他们通过一个包括六个步骤的引导过程将想法转变为一个可实现的业务模型。过程中必要的说明和工具都在分发的红色盒子中。该框架使我们能够从一开始就为整个项目提供一个以目标为导向的架构。

他们的启动资金也以信用卡的形式发放，每个盒子的信用余额为 1000 欧元。团队如何使用这笔钱由他们自行决定。同事们还获得了一定的空闲时间来研究 Kickbox 中的想法。

通过这一活动，我们改变了许多人的想法，或者至少稍微改变了他们一些。一方面是关于对新事物持开放态度，并愿意承担风险。另一方面，我们也表明了主动性、错误文化和管理层的支持是成功创新不可或缺的要素。

Kickbox 提供了一份很好的指南，它可以回答所有必要的问题，并阐明是否可以从一个想法中开发出可行的商业模式，而且该项目具有很强的跨职能特征。每个人都想尽快开发出一个像样的演示样品，迭代的频率很快。成员们将方方面面都摆上桌面，这意味着他们将重点完全放在各自的想法上。另外，他们也能很快明确一个想法是否行得通：早失败，更便宜！

三个月后，六个最成功的想法被授予了一个"蓝盒子"（Bluebox），这是一张继续努力的通行证。这是在一场"创智赢家"（Sharktank）中决定的，候选人向由来自公司不同领域和级别的人组成的陪审团提出他们的想法。为此我们还举行了直播，任何感兴趣的员工都可以远程加入，还有机会从提出的想法中选出一位候选人。

Kickbox 方法将最初的想法付诸实践，然后进行营销，使陪审团对其潜力的评估变得更加容易。同时，Kickbox 让公司促进创新思维的方针变得切实可见，这是非常重要的。一场大规模的文化变革正在这里发生。同样清楚的是，Kickbox 活动结束后创新并没有停止，其中大部分内容将直接转化为日常工作。

陪审团还自发同意资助另外七个没有获得蓝盒子的想法。在这个非常成功的项目中，我们常常很难在众多非常好的想法之中做出抉择。近几个月来，我们一直在积极致力于德尔格向敏捷公司转型的工作。第一阶段的成功非常让人满意，特别是通过改变框架条件，我们创造了一个环境，让敏捷开发等新的工作方法能够在这片"沃土"上落地生根。

7.6 敏捷组件的单独引入

如果你了解敏捷开发并详细分析了我们的情况，你可能会指责我们没有完全实施单纯的敏捷教学活动。看板、冲刺、站会和回顾都应被作为重要的工具引入。由于在具有高度个人自由度的小团队中取得了成功，而且我们也曾因教条主义而遇到改革阻力，因此我们不想强行推广一种工作方法。此外，一些团队也正试图自己应用一些精益开发的概念，如 MVP（最小可行产品，Minimal-Viable-Product）或 MMP（最小可销售产品，Minimal-Marketable-Product）。我们也支持这一点，并首次在软件领域使用它。

敏捷并不是一切的答案，过多的"传教热情"被证明是有害的。

明确的期望管理对我们也有很大的帮助，我们收集了很好的经验，可以清楚地表明优势和缺点。敏捷不是"银弹"（Silver Bullet），并不能降低项目所需的工作量，也无法直接节省成本。敏捷最初的优势是无情的透明度，并随着时间的推移逐步产生积极影响。

通过敏捷方法，我们在具有时间压力、高复杂性和一定独特卖点的项目中也取得了最大的成功。这些典型要素增加了不可预测性的程度，因此根据我们的经验，这些项目是理想的敏捷方法的"温床"。具有非常清晰架构的常规项目从敏捷实践中受益的程度较低。

7.7 解决个别阻碍

起初，我们尝试在各个领域将敏捷方法完全引入。碰壁是不言而喻的，因为其他项目方法也有其适合的项目，并已经针对特定项目建立起了一套体系。

此外，在一些管理层的大力支持下，他们所管理的项目或领域开始使用敏捷方法，但是并没能取得成功。管理层必须为敏捷创建自由的空间，而强制实施敏捷的用例大多数都失败了，我们感受到了最有力的拒绝。当敏捷不是作为一种方法，而是作为"传教士"狂热的"宗教"信仰传播时，团队成员们只能教条地理解其含义，并传递错误的思想，这最终只会导致失败。

我们已经明确了两个重要的陷阱：一方面是十分常见的"会议"超负荷；另一方面则是为了不低估任何情况而走进极端的"微型"管理。

会议超负荷会立刻发生，这一点你每天都会遇见，并迅速屈服于可以提出自己相关主题的"诱惑"："如果大家可以一起……"因此，将自己的会议时间限制在15min非常重要，以避免超时。此外，你还必须强迫自己严格遵守"常规"会议安排。否则，冲刺会议，回顾和每日站会将不再得到团队成员的支持。这需要很多纪律和勇气，尤其是在一开始，但最终一定会带来成功。

一开始，当"可交付产品"被分解并分配到每个独立的个人后，微型管理就走入了我们的视野。团队本身应该决定是否接受工作包，然后分析如何具体实施。但是，这在发现阶段通常很难做到，你还必须强迫自己尽早放手并相信团队。这也有助于团队更早地享受新方法带来的乐趣。

7.8 项目工作的明显变化

在敏捷项目中，我们经历了更紧密的交流。到去年为止，集团内的团队仍旧按功能划分，并且随着时间的流逝，它们表现出了很强的独立性（Silo-Bildung)。在敏捷项目中，我们能够观察到功能之间的交流速度要比其他团队快得多。由于可以进行日常调整，总体目标实现了内部化，而不再拘泥于实现某个单一点的功能。每个人可以说都理解了"完成的定义"。优先级的定义也因为公开讨论而得到了改善。

敏捷项目的交流速度明显更快，透明度高，对于高复杂度的项目而言绝对是优势。

有趣的是，我们在压力最大的领域取得了最大的成功。这让我们认识到，透明度的大幅提高增加了所有项目人员的参与度。我们很高兴大多数员工对总体项目目标给出了极高的认可度，并希望为项目成功做出自己的贡献。

创新领域的辐射效应也影响到了其他职能部门。目前，合作仍局限于开发、产品管理和质量保证之间。下一步中，将逐步集成其他的职能。在这一点上，我们从英国全生命周期工程（LCE）领域的成功经验中受益匪浅，在那里我们已经完全实现了跨功能。

7.9 大型项目中的特殊框架条件

由于监管等级极高，德尔格必须单独考虑部分特殊框架条件。各注册机构对医疗及安全技术都有特殊的标准，因此公司对各个相关项目的经理也有对应的要求。

我们在开发过程中遵循阶段门控过程（Phase-gate process）。经典的项目管理方式是在每个"门"阶段结束时，实现该阶段的目标。每个阶段的定义及相关的工作清单通常并不与最终的批准条件挂钩，但它们明确了项目团队有流程可以依赖，并同步进度。为了获得医疗设备的相关资质，设备设计本身及其性能都必须满足某些要求，如：开发开始时定义的设计计划。通过引入的流程管理来保证产品性能的有效性。这其中的依据来自相关标准和准则（ISO13485，21CFR820）。我们从标准和准则中提炼出要求，并转换为我们具体实施的准则。并对其中部分要求进行分解和角色分配，使它们以组织架构的形式与我们的产品相匹配。

这些标准和准则包含对有关医疗设备的生产和安装等相关主题的详细要求。因此，对项目经理而言，他心中通常应该有一张具体到每个细节的开发蓝图。而这是我们敏捷开发的最大挑战，因为项目经理必须在开始时描述完整的开发过程，并对产品最终获得批准负责。如果项目经理逐步偏离了他预定义的开发过程，那么他就要针对整个团队进行更多的调整工作，并及时关注标准和规格的遵守情况，这自然也增加了成功的风险。

为了继续将敏捷的思想引入集团，并确保在上述领域得到专业的支持，我们成立了一个全球实践小组。这是一支跨学科团队，成员们都在敏捷方面获得了积极的经验，并且具有分享知识，或支持相关工作的积极性。团队在整个集团中收集、协调有关的方法，并进行具体实施。

对我们来说，最大的挑战是确保正在不断迭代更新的软件/系统解决方案之间有高效且智能的联系，且能够适配既定的硬件开发方案。将来，我们必须在接口方面找到出色的解决方案，以确保快速而高质量的开发过程。这只有当我们完成从敏捷项目到敏捷集团的转变时才能真正发挥作用。敏捷开发代表着一个新的操作系统，这与前文所述的新工作模式相似。

7.10 敏捷工作——变得敏捷

将来我们希望更多地在所谓的"第二操作系统"中使用敏捷方法。我们目前正在尝试以新的工作模式组织一个大型项目，并从以前的敏捷项目中汲取尽可能多的知识和经验"养分"。许多已经明确的更改都具有敏捷特点，这也是我们第一次在复杂项目中的尝试。

"不断增加的系统解决方案占比加剧了改变工作方法的压力。"

一个挑战是复杂系统对经典/敏捷方法的依赖性。该项目将在许多方面取得新的基础，并进一步训练我们。与以前的项目相比，它有以下一些变化：

1）自愿/跨功能。团队成员先自己申请参加该项目。核心团队（项目经理、产品经理、系统工程师）再选择在团队中工作的员工。

2）更长的概念阶段。以此来确定各个风险项（技术风险、准入审查、资源限制等），并明确应对策略。

3）更坚决的并行策略。根据客户反馈进行频繁的早期迭代更新。

我们在第一个安全项目（SAFe-Projekt）中获得的经验对该项目组织和具体工作有着重大影响。

7.11 LeSS（大规模敏捷开发，Large Scale Scrum）初体验

我们在兼具软/硬件开发的敏捷产品开发方面有着有趣的经验。虽然我以前

曾更多地致力于组织敏捷项目这一主题,但我也想在这里把出于技术角度的经验传递给大家。

整个团队在2015年初开始时,大约有15人。图7.4中所罗列的几个阶段在其他很多项目中也可以看到类似的表达,这些发现是值得分享的。

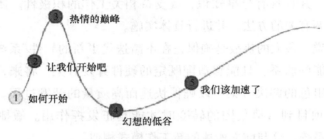

图7.4　项目的各个阶段

1. 如何开始

在获得新产品解决方案的需求之后,我们很快就明确了这个项目需要两个地点办公室的合作:吕贝克(Lübeck)和安多弗(Andover)相距约6000km,且有6h的时差。该解决方案应从一开始就使用敏捷方法。我们并不支持在两个地点分配工作包的想法,因为合作中的挑战是显而易见的。由于资源稀缺,我们也无法完全使用员工自愿报名的形式,一些员工被迫从其他项目中调换到这个项目。对核心团队来说,它必须针对每个人"对症下药"才能让团队前进。当然也存在这种可能,团队成员根本就不喜欢这种合作方式。但这完全是我们多虑了,事实上,大家参与该项目的积极性都很高。在这个项目中,我们获得了大规模敏捷开发(LeSS)的首次体验。

每个办公地点各自组建了一支团队及一支全球化的协调团队。本地团队需要独立完成所有的重要功能开发。每个团队还配有一位风险经理,其基本作用就是评估风险及其背后的原因。总体而言,我们非常重视职责分配的公平性。团队试图做到绝对的平等,我认为强调这一点非常重要,绝不能把他当作"理所当然"的。从我以往的经验来看,最聪明的人总是身处总部,无论他们在美国、德国还是法国。而子公司们则在不断地争取平等。如果团队之间的关系从一开始就得到澄清,则会对后续工作的开展非常有帮助。

2. 让我们开始吧

现在,团队必须团结起来,并完成目标的定义。管理人员们已经在美国进行了为期一周的研讨会。一半的议程是纯粹的,以互相了解为目的的活动;而另一半才是技术和项目管理相关的主题。本周的"期望"也得到了澄清，大家需要共同创建一个"行为守则"（Code of Conduct）。这阐明了团队中应做出哪些决定，并且所有的决定都应在团队中得到一致认可。

来自德国的团队会前往美国参与研讨会中的部分活动。这非常重要，并且我们一定会在未来的项目中组织类似的活动：

（1）快速约会（Speed Dating）　团队成员能够在个人层面上快速、轻松地了解彼此，并获得第一印象。

（2）团建（Team Building）　经典的团队建设+各种创造性的任务

另一个特别重要的活动是 Mob 编程⊖练习。整个团队同时在一个房间内一起工作，在同一台计算机上完成同一个任务。Mob 编程旨在让团队在特定任务上集中力量（知识），这样做的优点就是每个人都熟悉解决方案并打下了坚实的开发基础。但当我们的项目开始时，这项活动表现出了些许不同。成员们很快了解了互相的行为方式，意识到了相互之间在各个方面的不同，并划定了界限。这种情况的初始状况非常混乱，因为每个人都想参与其中，而这会带来很多动荡。但是，每个人也都迅速面对彼此，并找到了最佳的合作方式。这些对即将到来的任务来说都是重要的经验。

此外，我们还举行了常见的实验室参观之旅，团队可以熟悉基础设施的特性和功能。

3. 热情的巅峰

参与者全情投入，并以最初的热情迅速取得了重要的成功，这应该得到庆祝与尊重。一个季度之后，"千分之一"的功能已经得以实现。

回想起来，我们不得不说，这种热情和成功很大程度上要归功于大家的好奇心，我们确实从共同会议的积极势头中受益。这一点稍后再详细介绍。

4. 幻想的低谷

取得了一个成功的开始后，之后的每一个冲刺都会遇到新的挑战，而这会引起越来越多的挫败感。我们低估了该项目所需要的投入，无法维持最初的精神力。每日站会仍在 Skype 线上举行，但这已经是个人会议的糟糕替代品。由于缺乏互动，参与者们很快就回到了之前的孤岛思维（Insel-Denken）。最小的"阻碍"却最终导致了误解，大家又回到了"原始灌木丛"中"活动"，即使使

⊖ 由一组开发人员共同完成一个开发任务 https://t2informatik.de/wissen-kompakt/mob-programming/。

用先进的电子辅助工具也无法抵消或补偿这种恶性效应。在此期间，文化差异也浮出水面。冲刺回顾中充斥着这样的重点："不良交流"或"惹怒他人"（Stepping on toes）。

5. 我们该加速了

在意识到无法保持积极的情绪之后，大家会很自然地开始寻找这其中的因果关系，并很快发现这实际上是由一系列"不幸的"小事件导致的。有人会尝试用随意自然的氛围来组织 Skype 线上会议。但由于设备或网络等问题，这失败了。在反馈以上结果后，公司分配了新的会议室，拥有满足需求的通信系统，并且可以永久使用。因此，沟通也有了显著改善。我们还发现，创造力也无法控制沟通不畅带来的恶性循环。如果通信线路不够稳定，当你需要三次询问对方是否理解时，你很快就会选择电子邮件这样"可靠的"通信方式。其最终结果是不言而喻的，很多信息得不到有效传递，相互误解的风险也增加了。

在明确这一点后，每支团队会向其他共同合作的团队都派遣一位"大使"，其时长通常为每一季度一到两周。这有助于提高填补文化差异的速度，并使团队间保持积极的态度。其中最经典的当然是回顾中的开放性话题。德国团队在回顾中，往往会因为美国同事的开放感而感到"窒息"。

最终，工作流程会在团队间反复变化，以便对彼此进行更深入的了解。这类经验给我们带来了极大的发展潜力，因为大型开发项目的人员变化较大，且核心团队能够合作的时间也是有限的，通过这种方式所获得的经验让我们坚信，未来的新团队成员一定会获得更多的快乐，其工作效率也会更高。将来，我们希望从一开始就将以下经验考虑在内：

（1）个人交流，建立信任　必须注重成员间的个人交流，无论是时间还是资源。尤其是项目启动会，所有参与者都必须到现场出席。每个办公地点都应从一开始就派遣一位"联络大使"前往其他工作地点。互相之间的文化差异不应被低估。"面对面"（Face-to-Face）的交流应尽可能多一些。保证良好的音、视频线上解决方案也很重要。虽然这一切听起来很自然，但是，如果没有团队的明确承诺，总是会存在无法始终如一实施的风险。最终结果便是从一开始就投入了很多时间，却没有看到具体效果。

（2）在决策、工作开始时明确监管职责　关于决策能力，我们必须对它也有明确的期望，并进行有效的管理。在项目开始时，我们应该首先回答这个问题：团队应做出何种决定及做出决定的过程应该是什么样的？我们团队认为共识是一切决定的基础，因此，整个团队必须全体同意某一决定。但这也意味着在每个人都同意之前，会有一段很长时间的讨论及寻找解决方案的过程。不过，我们原意冒这样的风险。通过这种方法，我们确保团队成员都朝着相同的目标努力，并且在失败时避免了"我早就知道会这样"的情况。团队这一有意识的做法在日后证明了它并没有浪费我们很多的时间。从一开始就参与到做出决定的过程中，这一点让团队成员意识到自己的责任，并更加积极地投入到工作生活中。

（3）有效利用共同的工作时间　由于 6h 的时差及弹性工作制，以及各个团队独特的工作时间模型，相互合作的团队间甚至可能没有相互重叠的工作时间。我们的团队从一开始就注意到了这一点，并提出了解决方案：每天必须有 3h 的时间，团队是可以一起工作的。团队成员们试图进一步分解工作包，并进行相互匹配，以便更好地利用这 3h 的联合工作时间。通过这种方式，大家还明确了有关交接方式等其他问题。如何确保代码的正确提交，以便对方可以继续进行呢？团队有他们自己独到的考虑，因此管理层故意没有给出任何规则。

（4）绝不低估文化差异　一开始，德国团队较为直接的工作方式在回顾时引起了某些不愉快。而不同的语言带来的某些单词的选择更是不经意间"强化"了此类冲突。美国团队有时在某些主题上关注的重点是德国团队无法理解的。其结果就是总是无法确定最佳的开发任务优先级。而且对这些差异的无知还常常会导致不良情绪的蔓延。

该项目仍在继续，我们预计在不久将达到一个重要的里程碑。总体而言，这是一个令人非常满意的结果。特别是在困难阶段积累的经验帮助我们今天可以更平稳地推进项目中的变更，并保证不会出现重大冲突。尽管如此，我还是必须要说，我们希望可以更好地在团队之间分配任务，从而使团队能更加自主地工作。我们在透明度上所付出的努力比其他任何一个项目都多得多。

7.12　复杂项目架构中的敏捷——我们的精髓

我们在公司不同层级提出了截然不同的倡议，但它们的目标都是促进创新和更快、更好地引入敏捷。由此，我们能够得出一些不依赖于组织架构的指导准则。所有成功的倡议都遵循简单的模式，每个人都熟悉这些模式，但在现实中却很难真正实施。某些方面互相牵制或者存在动态的过渡区域，更重要的是将这其中的依赖项转换成团队成员能理解的有效信息。在敏捷开发中可以找到许多相关主题，我们目前正在尝试确切地从中提取上述那些重要的体验，从而"潜移默化"地引入敏捷。在这方面，以下几点也可以说是我们所理解的敏捷开发的精髓。

1. 保持团队的稳定和专注——小型团队，明确的任务目标和时间框架

对于这一要求，我们在许多方面都遇到了阻碍。在硬件开发过程中，某一项目与其他硬件项目依赖关系的"可预测性"很快就达到了"极限"。像其他公司一样，我们面临的挑战也是如何在各个项目之间最佳地分配资源。我们的一些核心能力并不强，并且某一项目的延迟会导致所有其他项目的延迟，即多米诺效应。我们尝试通过两种方式来应对。其一是引入新的产品生命周期管理软件，其主旨在于明确项目之间关键资源的依赖关系，以便能尽早做出反应。我们已经创建了一张能力图，以使小组之间核心能力的透明度更高。随着核心能力逐渐提高，我们能够更好地确保项目灵活性。另外就是寻找合格且可靠的外部发展合作伙伴。这让我们能够在"非核心"技能领域得到更快的帮助。我们还尝试通过较小的团队组成和明确的任务分配来降低项目的复杂性。

2. 有意识地利用迭代循环——多条开发线并行

在部分复杂项目中，经常会有这样的情况，某些领域的专家（气动学、力学或电子技术）在项目的某一阶段比其他成员要投入更多的时间。而由于依赖关系，他们的工作不会直接带来变化，而是经过一段时间后才得以显现，而这很有可能会让原始计划全部落空。我们还发现，通过迭代开发所付出的努力总体上明显小于常规的项目开发流程。成员们可以早期在其各自领域进行细节开发，并指出对其他部分的可能影响，而无须提供100%的解决方案。难点在于如何体现单个工作包的依赖性，提高其透明化程度，并做到合理地平行开发。一定要注意平行开发的工作包之间的界限，以及它们的正确分配。这些工作应该在项目最初的概念阶段进行，团队一起对风险进行评级，并且提出与自己相关的解决方案。而由此产生的迭代开发不仅必须被批准，而且管理层应要求各团队形成这样的开发意识。这对传统的开发人员要求很高，因为他们总是直接提出最终的解决方案。

总体来说，并行化的优势是显而易见的。它能缩短整体的项目周期，提高产能，并有助于在早期阶段识别和控制不同领域的风险。

我们必须基于一定的规则定义工作包，以便它们能以很小的单位完成开发，从而验证闭环。这么做还能带来积极作用，它能从一开始就为团队提供继续前进的动力，因为团队可以在很短的时间内成功地交付"产品"，而不是等到4~6个月后的里程碑审查（Gate-Review）。经验表明，离某些时间节点（交付）越接近，成员们越能专注于工作并更果断地做出决策。短迭代循环可以持续呈现出这种效果。

"在挑战最大的地方取得最好的成绩"。

另一方面，如何基于整体项目架构降低工作包的颗粒度也是一项挑战。需要一位经验丰富的系统工程师（或系统设计师System-Designer）才能将各领域的信息汇集在一起，最终形成功能性的客户解决方案。外部开发的占比越大，挑战就越大。这种合作形式对项目经理和系统设计师的个人能力和经验提出了不同的要求。

3. 尽早并周期地解决风险——充分验证

我们通常会说承担企业风险。特别是在上市背景下（T2M，或者：营收时间，Time to Revenue），人们更倾向于首先接受某些风险，并将它们转移到未来的某个时刻。其结果很可能会是更大规模延误的风险，因为我们不得不对开发和验证流程进行大量调整。因此，我们的座右铭是在早期明确和解决风险，并完成测试和验证。

以上步骤也应是并行的。我们的经验表明，很难对单个风险的实际依赖性做出完全正确的判断。而且在一开始，对单个风险依赖性的描述会花费大量时间。对于非专业人士来说，这就是在浪费时间，但是这对之后不会彻底失败至关重要。

分析现实情况有助于评估这是否是实际上待解决的主题。如果大多数项目都可能无法守住时间节点或是预算超支，因为存在着"难以估计"的风险需要解决，那么一定是在整体过程中接受了过多的风险项，并且低估了它们之间的依赖关系。这时就要求团队做出一个勇敢的最终决定，即尽早地彻底消除风险。

我们的医疗技术部门提供了一个很好的例子。在认证新功能或产品时，基本上都存在着必须进行临床研究的风险。这对成本和时间表都有着重大影响，因为这些研究经常需要几个月的时间，必须做好后续跟进的准备。更重要的是，应该尽早从审查机构处获得清晰的信息，是否需要进行此类研究，或者是否可以参考现有类似产品的解决方案而无须进一步的临床实验。

在早期阶段解决这种风险的一种方法是在现有认证产品的基础上应用新功

能（如：重要测量数据的新算法）。如果该算法认证需要新的临床研究，则可以利用"前身"模型，即基于合法的器材产品（Predicate Device）展开并行的临床验证，实现认证流程的加速。这意味着在开发过程中，你非常早就注意到了这一领域，并在必要时采取了有效的措施。对此情况进行系统的检查，这样的想法来自于敏捷团队的风险评估流程。到目前为止，我们已经积累了丰富的经验。

4. 更有效地利用资源

除了角色分配和内在动机等主题，敏捷开发中另一个重要的成功因素就是系统工程师和项目经理的能力，他们能够将工作包准确地划分，并尽可能地让它们同步运行。当团队以最低负荷开展项目时，我们对此积累了很多经验。通常，一支团队总共需要多少人的考量是基于之前项目的经验。在我们新产品的开发过程中，团队人员常常会超过30。然而即使一支足够强大的团队成功组建，在没有具体的工作包作为指引的情况下，成员之间仍旧可能成为彼此的阻碍。他们无法解决问题，反而增加了项目推进的复杂度。

我们在一款复杂的软件产品开发过程中取得了不错的经验（至少我们这么认为）。作为每日交付的一部分，我们组建了一支仅由一位产品经理和两名软件开发人员组成的小型团队。由于他们的通力合作，计划的新软件解决方案很快有了雏形。该项目最初计划是一支更加庞大的队伍和大约九个月的时间。但是，这支迷你团队在八周内成功地实现了一款包含主要功能的，并且满足交付要求的产品（MMP）。这令每个人都大吃一惊。当被问及快速实现目标的主要因素时，他们都提到了有机会完全专注于任务，以及不必照顾大型团队中的协调工作。其结果就是，他们能够更果断地做出决定，从而有效地缩短了实际的开发时间。

另一个实际观察结果帮助我们定义了进一步的基本原则。当分配对应的开发人员到他们感兴趣的概念时，项目经理选择了（比我们预计的）明显更少的人数。最后，甚至有一组开发人员完全没有参与到最终的开发活动中去。项目经理直截了当地表达了以下观点，除了相关人员不具备合适的技能和经验会产生影响外，更少的人能更快地实现目标。

我们仍在具体实施过程中反复推敲这些原则。出于专业技术知识的考虑，成员们通常会对谁应该参与到项目中，并且起到什么样的作用有着明确的期望。而这时就要求项目经理和管理层坚持应有的原则，有时则必须做出一些让其他成员"不舒服"的决策，他们应该将决定权完全留给核心团队，由他们自行确定何时介入到项目中去。除了这种人员的技术期望，差错管理（如何应对错误及其后续影响）也在其中起着重要的作用。人们常常通过整合许多合作伙伴来分担责任。而结果却是最后没有人负责，而且这一过程还放慢了项目速度，因为每位成员都希望发表意见，并引入与他相关的方方面面。因此，在每个项目中都必须在核心团队中明确定义责任。

7.13 未来的挑战

开发团队以更快的周期开发高度复杂系统的需求肯定会增加。由一支固定团队提供所有必需的核心能力是不可能的，并且在很大程度上可以说是荒谬的。因此，我们的目标是在人事变化的过程中，始终明确自己的目标及其基本组成部分，以确保在未来的竞争优势。尝试新方法也并不意味着过去的一切都很糟糕。相反，可以基于过去的经验使未来的开发复杂性及速度得到更好的管控，或是将它们转换成变革的驱动力。诸如开放创新之类的主题要求更多的外部合作。

对我们来说，这也意味着我们非常清楚地定义了自己的核心竞争力，并以此为基础寻找战略合作伙伴。我们已经正式启用 Scouting/Kickbox 项目，并且正慢慢经历着从"创新提供者"到"创新消费者、创新推动者"的角色变化。

这一转变对未来的开发角色和合作形式都很重要。我们认为应用领域的知识能力在未来的开发过程中将有着更重要的位置。这是充分评估、选择和管控大量外部解决方案的必要条件。最终，各个领域的交付物整合到一起，形成了一款高质量的多功能性产品，这是更高水平的 LeSS。除了这些技术变化，我们还必须考虑到员工的工作习惯和责任感的改变。一场激烈的人才争夺战已经在很多领域爆发。作为雇主，我们更应推行激励人才创新的措施。

德尔格希望继续推动这些变化。因此，我们决定开始对所谓的第二操作系统进行实验。这是我们的未来：与高度敏捷的团队一起合作，开发解决方案或发布全新产品。我们认为这是让团队充满活力的重要起步阶段。

我们注意到公司目前正在许多领域经历着激动人心的发展。我非常高兴，同时自豪地看到我的同事们在变革中所扮演的角色。我能感受到大家在这种新的合作方式中对整个公司表现出的强烈的信任感。我个人认为，德尔格已经在这一领域成功地迈出了许多步。通过公司内的实验，如"车库"的建立、"Kickbox"项目或其他的敏捷措施（敏捷开发项目、Ship-It-Days、Comp-Net

Gatherings），我们积累了十分重要的经验。每一次尝试都十分重要，都为实现敏捷组织这一重大目标做出了贡献。我想起了杰弗里·A·摩尔（Geoffrey A. Moore）在他的《Inside the Tornado》中对于"超增长市场"的动态发展的描述：我们正经历着市场的互联化进程，一场新的龙卷风正在兴起。我坚信我们能通过诸多出色的措施和根据外部框架条件而改变的工作方式来保证自己处在龙卷风的中心。这是非常不错的感觉！

第8章
费斯托的敏捷产品开发

沃夫刚・宗德勒

费斯托为专业用户开发高质量的电动、压缩气动工具，在切入式圆锯、铣削机和偏心磨盘等产品领域担当着全球市场领导者的角色（见图8.1）。1925年，公司以Fezer&Stoll的名字第一次踏入市场，推出了第一款可携带式的电锯，自此便与基础技术的创新紧密相连。如今，公司在全球拥有约2700名员工，年销售额超过5.47亿欧元（2015年），出口配额高达76%。其研发中心为位于文德林根（Wendlingen）的公司总部。

图8.1 针对专业用户的高质量电气设备

这家德国高级制造商依靠其系统产品在木材加工、绘画、涂装领域（翻新）建立了极高的行业标准。公司很早就开始以"创新"的力量应对重点关注的未来主题，如手工作坊中的能源利用效率问题。

费斯托品牌的不断发展本身就是"愿景"力量的最佳体现，同时也是"针对用户需求"的公司哲学的成功。

为什么选择敏捷？

尽管费斯托近年来已经通过技术创新在其目标客户细分市场（电动工具）中取得成功，但我们仍面临着巨大的技术变革。与其他行业类似，电动工具行业也必须面对大型工业及手工工艺领域的数字化和网络化挑战。这不仅增加了开发过程中任务的复杂性，也提高了已有产品周期适应外部市场变化的难度。

基于这一趋势中，我们可以得出两个检验当前开发模式是否符合需求的方面。

1. 专业领域之间的协调需求

产品的数字化需求和通过软件实现的新功能都给开发项目带来了越来越多的特殊挑战。开发过程中的协调需求对成员间的沟通能力提出了更高的要求，这不仅局限于单独的开发团队，更是拓展到了公司各个不同职能部门之间。传统开发模式中的沟通节奏遇到了瓶颈，而由于互相沟通、支持不充分带来的额外开发迭代循环最终会导致项目推迟。

2. 对快速变化需求的反应

除了技术复杂性的提高，从项目管理的角度来看，互联网产品还会产生新的需求。观察其他行业的发展表明，产品的技术更新（如：通过软件升级交付新的功能）正在呈指数级增长。因此，开发团队必须能够在产品开发周期内对未来的需求做出灵活的反应，以推出在当前技术背景下的最佳产品和服务。

基于上述需求，我们必须回答这个问题：如何将未来的行动方式应用在当今的产品开发中？在这种情况下，每个公司都必须根据其特殊的环境和各自的目标开发合适的解决方案。

因为费斯托非常注重产品质量和对客户的承诺，因此我们首先把重点放在了提高开发效率和保证项目时间上。

公司原本的项目管理方式十分出色，因此现在的主题并不是根本性的变革，而是在原有基础上"锦上添花"。

敏捷产品开发方法中包含的两项基础元素，即日常交流及工作包的短期规划，正好为公司填补了原先的不足。

8.1 在费斯托引入敏捷产品开发方法

目前，人们对敏捷产品开发的热情很高。行业中各种各样的公司都在讨论这一主题。而在与部分产品开发负责人的对话中我们了解到了十分不一样的现实状况：敏捷方法在不同团队中的应用方式截然不同。因此在引入敏捷方法之前，我们应该先明确自己的结构框架和目标。

1. 面对改变

敏捷产品开发的引入不仅意味着实施新的行动，而且还意味着开发角色和职责的变化。而这会带来更多的连锁反应。因此在具体实施之前，每个公司都应确定其引入敏捷的方式。是完全替换先前的项目管理方法，还是将敏捷作为公司已有方法的补充和扩展？

从一开始，费斯托的目的就是训练跨地区开发团队在项目合作开发过程中的技能，提高他们充分应对不同情况的能力。因此，敏捷的应用针对的是整个公司的产品开发过程，而不是仅针对某些研发或设计部门。我们也并不打算直接回答是否替换现有产品开发过程（PEP）的问题。因此在具体实施过程中，我们有意批准了各团队可根据实际情况对部分敏捷元素进行调整。

不管是否并行使用原有的开发过程和敏捷方法，我们都建议在引入敏捷方法时对现有的项目管理方法进行一次全面的总结。

特别要注意的是已经在开发团队中得到应用的敏捷基本原则。举例而言，费斯托在传统开发过程中就将项目信息和任务描述的可视化工作作为项目管理的重点，以此来帮助同一项目团队中来自不同职能部门的同事互相沟通。

在现有项目环境中得以使用的敏捷元素有助于后续敏捷产品开发方法的引入，并帮助团队成员更好地理解新的角色分配和工作方式。

2. 传统（PEP）和敏捷，互相矛盾？

在决定引入敏捷方法之前，费斯托已经决定继续使用之前的产品开发过程，因此现在的问题是如何理想地连接这两种方法。

其实最初的问题只是语义上的矛盾。经过仔细观察，费斯托所使用的典型门模型为敏捷方法的使用提供了理想的框架。因此，长期项目计划仍可以根据已知的计划方法继续进行，而以此制定的公司目标也仍然有效。但是，这也带来了另一种风险，即从一开始，敏捷和传统方法之间的界限并不明显，而这种方法的变化更多地在底层开发团队级别上才得以反映，也只有在那里才能看到最明显的效果。这种区别在整体及冲刺规划阶段显得尤为明显，因为敏捷方法对团队具体计划内容的识别度有着更高的要求，从而要求在项目内更精确的协调工作。

最终，通过结合敏捷和 PEP 方法，我们在团队内部实现了上文提到的两个目标：保持稳定性和提高效率。

8.2 费斯托内部的敏捷角色定义

敏捷产品开发中的基本角色都已经有了详细的定义，因此不加赘述。以下内容仅包含费斯托对其的理解和公司内的具体实施情况。

与现有产品开发过程中的角色相比，敏捷产品开发中的角色分配最初在角色定义和人选上存在一些差异。在门流程中，对相关角色及其负责领域的监管职能都已经有了明确的定义，而产品负责人或产品负责人团队（POT）和敏捷教练等角色的加入会带来新的任务、能力和职责。如果对他们有明确的监管机制，那么敏捷的实施也无法改善团队的绩效表现。

1. 项目团队角色

团队这一整体角色似乎是最明确的，因为其本身的定义与责任偏差显然是最小的（见图8.2）。但是经过仔细观察，与之前的定义框架相比，团队的责任领域也同样经历了重大变化。敏捷团队的职责边界明确超出了原有的专业领域范围，而由冲刺内定义的具体工作包来决定。因此每个人都需要明确自己在所有项目任务中所担负的职责。这听起来像是增加了个人的工作量，但其背后却蕴含着提高绩效的巨大潜力，因为团队成员间的紧密联系可以有效地提高整个团队的开发节奏。团队可以在预计的时间节点准确地完成所有必要的工作。通过这种方式，所有不必要的工作（由于团队内部的不透明性产生）都被消除了。这也符合经典的精益定义：浪费资源的最小化。团队内部更好的协调也有助于来自不同领域的成员更好地理解其他人的任务和内容。理想情况下，团队内部每个人的工作量是一致的。团队成员还可以在"非专业性"的任务中相互支持，这也有助于提高团队的整体表现，并促进新方法在公司内部的传播，从而实现进一步的改进。

费斯托2016

图8.2 敏捷项目团队

跨职能团队实质上由来自开发、质量、采购、工业工程、价值优化等不同领域的专业人员组成，而团队的具体组成应针对各自的项目内容或公司所面临的问题而确定。为了保证有效的团队合作，其最大规模不应超过 6~8 人。而这可能就是子敏捷团队的雏形，后续再将所需的专业人员集成到团队中。通常，跨学科的项目研发团队（包含结构设计、软件和硬件）就是这种情况，而最终所有团队成员的数量不可避免地会超过最大人数限制。

2. 产品负责人（团队）的角色

产品负责人（团队）的角色在敏捷实施中起着非常重要的作用（见图 8.3）。通常在产品开发中一支这样形式的团队在其任务、能力和职责方面的定义和一般概念并没有什么不同。

由于"产品负责人"这一角色的目标是将"客户"这一概念整合到开发工作中，因此对他的要求非常广泛。产品负责人必须了解与该产品相关的市场信息，并从中能够整理出特定的产品需求。沿着这一思路，产品负责人

费斯托 2016

图 8.3 产品负责人团队（POT）

不应仅仅代表外部市场，也应该能够体现内部"客户"的需求。因此他在定义项目计划时，还应该能够准确地表达现有的技术水平和工业化限制。

但很少有掌握所有这些信息和专业知识的个人存在，因此我们还是建议组成产品负责人团队。它可以由上述各领域的代表组成。因此，费斯托的 POT 团队由一名市场方面的代表——产品管理；一名项目方面的代表——经典的项目经理，以及一位技术代表组成。

项目经理的作用特别重要，因为他是项目成功进行的最终负责人。因此，他也有着最终决定权，当 POT 中各位代表出现意见分歧时。某种程度上说，他决定了项目最终能否成功。

3. 技术代表的角色

在项目开始时，必须明确技术代表的作用。此阶段的重点是寻找满足客户

需求的解决方案并进行开发，即更多的关注点在于技术解决方案中的功能开发。但是，在完成开发和最终的设计冻结之后，我们必须迅速将制造需求转换为内部的"客户需求"。他们将变成项目的重点。因此，在费斯托内部，当完成"设计冻结"这一阶段后，技术代表不再来自开发团队，而是由工业工程或未来生产部门的代表来担任，他们能够在之后的整体计划或冲刺计划中定义必要的工业生产步骤。

4. 敏捷教练的角色

最后就是敏捷教练了（见图 8.4）。在经典的产品开发中，大多数公司都没有定义此角色。当然软件开发公司已经使用 Scrum 方法很长时间了，它们需要排除在外。敏捷教练是和 Scrum Master 非常相似的角色。每家公司都应在正式实施敏捷方法之前，对这一角色有明确的定义，因为它和 POT，尤其是项目经理的关系极其紧密。不然就会存在责任、职能及任务范围的重叠。

一般而言，敏捷教练的职责在于引入敏捷方法，并将其中的要素传递给团队成员。此外，组织冲刺计划、演示、回顾和每日站会之类的敏捷活动也是他们在项目开始后的日常工作。除了保证以上敏捷活动的持续开展，他还必须努力做到让 POT 和项目团队相互激励，使双方能够以一种极具"建设性"的方式共同合作。因此，敏捷教练应该热爱组织工作，并且善于与人沟通。

图 8.4　敏捷教练

在引入敏捷产品开发之前，公司内部一般不存在敏捷教练这一角色。因此总有人会问：谁最适合出任这一角色呢？大多数情况下，它会被添加到项目管理办公室，因此在常常由项目经理担任。当这些同事在不同的项目中充当敏捷教练时，我们必须注意尽可能地将他们和各自之前的项目分开，以保证不会出现利益冲突。举例来说，避免敏捷教练为自己的开发项目提供更多的资源。

我们在费斯托也同样面临上述问题。由于我们很快就意识到会基于已有的产品开发过程更进一步地引入敏捷方法，除了个人资质问题，我们还将面临可用资源数量的问题。由于每位敏捷教练都必须利用一定比例的工作时间投入到教练这一角色中，那么他们先前的工作角色自然会受到影响。因此，随着全公司范围的敏捷介绍，各个团队一开始都不会得到外部的资源支持，而是通过提高自身效率来"创造"自己的资源。

面对这个问题，我们决定不使用现有组织内的成员来担当敏捷教练，而是另谋出路。在应对资源问题的同时，我们还在考虑敏捷教练的人选到底应该来自技术领域还是组织架构部门。毕竟，敏捷教练的主要要求更多的在于人事组织领域，他们需要关注相关开发人员的状态。因此，我们最终选择了一位来自人力资源部门，并经过心理训练的女性员工，她在人事发展领域已经拥有了不少宝贵的经验。我们得出这一解决方案基于多种原因：一方面，引入敏捷产品开发的根本挑战是引导员工行为的变化，因此训练有素的心理学经验无疑有助于应对其中的变化过程；另一方面，事实证明，没有技术背景的敏捷教练不会干涉他们自己确定开发内容，不会被开发团队视为第二位项目经理。因此，我们最初对项目成员将如何接受非技术出身的敏捷教练的诸多猜测都是没有根据的。

但是，费斯托所选择的解决方案在敏捷教练的职责方面依然存在问题。在最初的定义中，敏捷教练除了维护日常的敏捷活动，还需要识别和消除来自外部的干扰。但对于没有开发经验的敏捷教练来说，从项目输入中识别有效信息和干扰因素是十分困难的。针对这一问题，我们最终将这一任务分配给了项目经理，这也是他整体项目责任的一部分。

8.3 引入敏捷产品开发经验

除了上文提到的引入敏捷方法的基本问题，我们还一直在思考，当出现问题时，应该由自己解决还是邀请经验丰富的咨询公司指导。

原则上，这个问题的答案取决于公司是否拥有相关的专业知识。在没有从外部获得人员输入的情况下，内部经验在开始时通常会十分有限。因此我们建议找寻适当的支持（具有相应的经验），尤其是在变更管理方面。

在理想情况下，公司会基于一些选定的试点项目引入敏捷产品开发（见图 8.5）。这意味着可以在公司预期的环境中测试敏捷的实际应用，并根据实际情况进行微调。

费斯托的试点项目表明，对于成功引入敏捷开发方法，项目团队的培训至关重要。除了对敏捷活动的基本介绍，让团队成员们真正理解敏捷产品开发的作用尤为重要。

图 8.5　长柄干磨机（PLANEX LHS-E 225）试点项目

除了对敏捷角色分配的基本理解，还必须注意公司（项目）对角色的特定要求。此外，引入方式（独立的替代方案，原有流程的补充）的不同也会带来不同的问题和相对应的调整。在理想情况下，公司应在介绍敏捷时就对这些问题进行讨论和解答。经验表明，开始时对角色的明确划分能保证在试点项目中更好地实施敏捷。

原则上，项目的任何阶段都可以引入敏捷方法，但我们还是建议选择项目取得某一阶段性成果的时间节点。这样的话，项目团队在最初引入敏捷时不会感受到特别的压力，更不会出现在本就高强度工作的阶段承担额外负担的情况。

在开始引入敏捷方法时，项目团队中的所有成员都应接受相关的培训。事实证明，如果对试点项目成员就敏捷方法的特定内容进行培训，会使他们能更快更好地付诸实施。团队之间也能很快地认识到行为方式的变化，以及更密集沟通带来的多重好处。

费斯托的敏捷教练一角从一开始就由一位独立的，没有任何相关技术经验的顾问担任。这位顾问最初的主要职责是引入敏捷活动和对成员提供进一步的培训（重点）。而随着时间的流逝，她才开始真正专注自己角色的实际任务，而团队将会对独立执行敏捷活动，并承担更多项目责任。因此，内部敏捷教练的培训可以完美地集成到敏捷方法入门阶段。

在学习敏捷方法之后，敏捷教练必须和团队一起将敏捷元素引入项目计划中，并适应它们对行为方式带来的变化。在过去的项目管理过程中，项目经理实际充当着领导角色，并直接指定即将到来的工作包的目标。然而，敏捷方法的意图则是，作为所有任务本身的"专家"，即各位团队成员自行根据目标拆解工作包，并在各个阶段或冲刺中实现其中的子目标。这一步骤可能看似微不足道，但对于敏捷方法的成功引入至关重要，因为这大大增加了团队对项目的认同感。在团队自身和项目管理两方面，这都意味着过去的行动方式将发生持续的变化。而且这一步骤的成功在很大程度上取决于敏捷教练的经验，因为在遇到困难的情况下，双方都有退回旧行动模式的风险。

到目前为止，我们只谈论了已有角色的变化，那么现在轮到了产品负责人（团队）。

在现有的产品开发过程中有着各种不同形式的传统"产品所有者团队"。但是，敏捷为我们带来了由产品管理部门成员组成的内部新"客户"。他们会根据实际客户体验、客观指标和完成度对解决方案提出功能需求。

我们对项目团队提出的新需求对于其他各个部门也都应该有着相同的约束力。因此，尤其是在敏捷方法的入门阶段，我们就应该在尽可能地准确描述期望的结果。当然这一点需要充分的练习，但它绝对是敏捷成功的关键。

对试点项目结果的研究能够为大家提供更全面的信息。因此，我们就不在此处对敏捷的各个方面和内容做整体描述了；而各个公司会根据自身的不同情况和需求对敏捷方法的引入做出调整，因此也无法为大家提供总结性质的描述。

8.4 试点项目经验谈

1. 管理层在引入敏捷产品开发过程中的角色？

一般来说，管理层是引入敏捷产品开发的发起者，或者说"委托人"。因此，管理层还需定义"完成"。而就费斯托而言，重点在于基于已有的产品开发流程，进一步扩展产品开发能力，管理层必须在引入敏捷方法的过程中为其创造必要的框架条件。他们的工作与项目中开发内容的相关性其实较少，更多的是对整个变革过程的支持。而且，现场管理层还必须了解团队的进度。应该指出的是，管理层在各种会议中都不应给团队留下他们会干涉具体工作的印象。因此在项目开始时就要明确其纪律性，以免出现干扰团队工作的问题。

我们可以拿足球比赛来类比，足球教练们只能在赛前和半场休息时，在热情高涨的体育场里接触比赛球员。在比赛期间，他们只能通过安排在场上的核心球员来传递自己的意图。而敏捷产品开发中关键角色就落在了产品负责人团队上，除了组织演示或团队回顾，他们还可以在方方面面影响团队的"表现"。

管理层角色的变化不仅体现在敏捷方法的各种活动中。敏捷产品开发的真正目标在于加强团队自身责任感，因此管理措施在敏捷方法中的作用也是不同的。本着精益精神，最终决策都应在最适合的地点（即实际现场）有意识地做出。因此，在敏捷开发中，我们应不断减少与管理层协调决策的需求，保证团队在项目授权和由此产生的行动框架范围内行动，不断增加团队自主权。

经典门模型中建立的管理层任务在未来将转变为对团队行为方式的流程管

理。对于像费斯托这样采用两者混合形式的项目（根据不同项目需求，采用不同程度的敏捷方法）而言，更是如此。

事实证明，除了开发团队正在经历变革，管理层也面临着同样的挑战。只有双方同时改变，才能真正发挥敏捷的作用。

2. 未来方向

在选定的试点项目中成功引入敏捷产品开发方法后，我们已经建立了更多的敏捷项目。其目的是依次将所有的开发项目都转换为这种开发模式。而公司面临的最大挑战是如何将共享资源（这在敏捷中也是不可避免的）更完美地整合到各个团队的日常工作中。我们目前正在考虑和讨论方案，其具体实施将在未来几周或几个月内逐渐成为焦点。总之，我们已经切实感受到了敏捷带来的第一次成功。但是，其效果还需要一段时间才能全部显现。费斯托的敏捷开发仍处于起步阶段，我们期待着敏捷方法在公司得到进一步的推广。

第 9 章
如何敏捷地打造差异化产品系列

艾克·波姆

物料运输和工业卡车（叉车）行业的特点是客户要求极其多样化和复杂化，因此大多数制造商的产品种类都十分丰富，几乎没有任何两件设备是相同的，而且该行业正在迅速变化。这不仅是因为电子商务的兴起，也是由于行业内部竞争压力的不断加剧。全球领先的叉车、仓储和供应链解决方案供应商凯傲集团有充分的理由选择敏捷产品开发方法。

9.1 结构化与敏捷开发——高效产品开发的两种形式

几十年来，复杂的工业产品，如车辆或工业卡车等，一直使用公司特定的流程进行开发，这些流程明确规定了产品开发流程（PEP），包括加工的内容、方式和时间。在大多数情况下，公司会在产品开发流程中定义的里程碑或"质量关口"（Quality Gates）检查是否实际实现了计划的开发目标。而这些里程碑通常间隔几个月，这意味着公司并不总是能够及时地了解项目的实际状态。众多成功的项目管理计划也只能提供有限的帮助。此外，在这些里程碑节点，大家常常只追溯偏差项，这也导致了无法真正实时地控制项目。因此，还有什么比缩短项目评审周期更能让项目管理接近真实状态的呢？两个紧凑相连的控制节点很好地概括了敏捷工作的一个方面：在很短的周期内集中协调的项目工作。敏捷工作利用了两周的时间跨度，这对人们来说非常容易掌握，当然，这也不会给项目增加大量的管理工作。两周的开发节奏是敏捷项目的核心要素：项目团队讨论并确定未来两周内可以实现的目标，然后项目成员开始在所谓的冲刺中完成定义的任务。最后他们会重新聚在一起，确定完成的结果，并设定未来两周的新目标和任务。逐个完成的冲刺结果会最终"汇聚"成 PEP 中的里程碑（见图 9.1）。敏捷工作的第二个方面是项目团队及所有跨职能部门的人员一同安排紧凑的定期会议。所以我们可以这么说：敏捷工作是项目团队中共同的跨学科工作，需要根据一定的规则保持两周的开发节奏。

每家公司，尤其是那些试图向敏捷转型的公司，在这种粗略概述的敏捷工作背景下，重要的是先定义一个深思熟虑的、适应行业现状的、有竞争力（最重要）的 PEP，并合理设定里程碑，如每季度一次，以经典的方式对项目进度进行跟踪。在这个粗略结构的框架内，工作可以以非常传统或敏捷的方式进行，因为在里程碑之间可以设置一系列为期两周的冲刺，即将每个里程碑阶段分解为五到六个冲刺（见图 9.2）。因此这其中的含义也很明确：仅在冲刺中开展敏捷工作是不够的，一个结构化的框架是在车辆和机械工程行业中进行敏捷工作

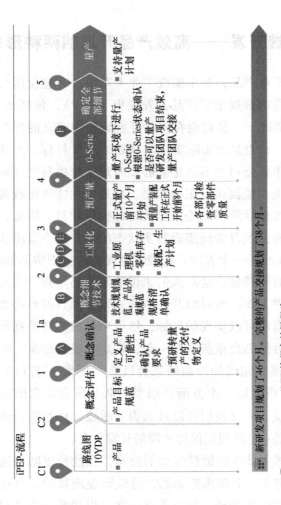

图 9.1 经典的 PEP 流程，以叉车开发为例（凯傲集团的 iPEP）

的先决条件。在这个框架中，敏捷工作方式可以灵活适配。然后，两者的结合可以显著提高产品开发效率。

敏捷工作——以冲刺为中心

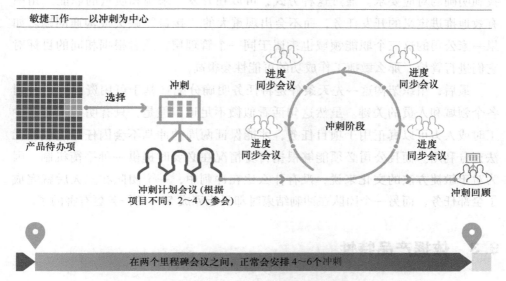

图 9.2　在 iPEP 中，两个里程碑之间的冲刺细节展示

9.2　敏捷工作的先决条件——组织架构

在公司中引入敏捷方法不仅需要一个明确的 PEP，还需要一个合适的组织。即使敏捷方法可以在没有合适边界条件的情况下引入每家公司，但"引入"这一工作并不是我们主要的真正目的。相反，在转向敏捷工作之前，拥有清晰透明的组织架构本身就是至关重要的，因为组织架构虽然不会取代领导力（这一点上大家常常都有误区），但它确实可以协调领导工作并为公司的行动提供方向框架。因此，组织架构非常重要，而在敏捷公司中更是如此。适合敏捷方法的组织架构的核心要素是清晰度、跨职能的均衡责任分布和清晰的任务分配。具体而言，这意味着：

首先，在项目中工作的成员应该有明确的研发领域及相关经验，并且清晰地了解自己的责任和所拥有的资源。毕竟，冲刺中定义的各项工作必须在它们对应的专业部门完成，如零部件的设计工作、测试台的测试工作或原型机的装配工作。

其次，开发、采购和质量部门的镜像责任设置也有助于敏捷方法的开展，即定制化开发责任，如驱动轴，这一零件也一定会在采购和质量的责任列表中找到明确的对应要求。通过这种方式，可以在开发、采购和质量的职能三角中有效地推进定义的开发任务，而不会出现重大的"接口"缺失或沟通问题。如果一家公司的这三个职能领域也隶属于同一个管理层，或者根据相同的目标对它们进行管控，那么敏捷工作成功的可能性会很高。

最后，组织架构这一先天条件是将任务明确分配（基于可用资源）给公司各个领域和人员的关键。虽然这句话看似微不足道，但是，只有明确了有多少工时或人力可以真正用于项目任务，才能保证两周的冲刺不会因任务过载而无法充分利用。而且公司必须能够根据自身情况在必要时提供一种平衡机制。因为对于敏捷方法的文化来说，没有什么比在冲刺中，一个团队在三天后就完成了全部任务，而另一个团队在冲刺结束时却只能完成50%的任务更有害的了。

9.3 依据产品特性

除了公司的组织架构和流程管理，产品结构也决定了敏捷工作的成功程度及其可以实现的效率效应。如果一家公司的核心创意完全关注于全新的产品概念或未知的客户解决方案，那么除了敏捷工作方式，可能还需要其他方法。创意工坊、设计思维方法（Methode des Design Thinking）或头脑风暴都是更好的选择。然而，当公司的研发任务涉及开发前代系列的后继产品或将已经明确描述的规范实施到产品现实中时，敏捷方法无疑是一个非常有前途的方案，通常它的响应速度更快，并且需要更少的资源。敏捷方法可以完美地用于衍生品的设计。在以客户利益为目标，基于现有技术成熟度的新产品项目中，我们很快会发现这正是敏捷方法的主要应用领域，并拥有十分突出的重要性（见图9.3）。

在开发全新技术和所谓的"改变游戏规则的创新"时，公司主要关注的是客户的预期利益或可以通过创新为客户创造的附加价值。新产品在成熟上市之前的时间不是不重要，而不是最重要的。最重要的是新产品的功能优势，而这直接取决于公司的技术和创新能力。但是，如果用于产品的技术已经十分成熟，并且原则上可供许多公司使用，那么成功的关键就在于哪家公司的行动更快（关键字就是"上市时间"），以及哪家公司能够依靠更少的资源创造接近的新产品（关键字则是"开发效率"）。对于这两种形式的高性能产品开发流程，敏捷方法都非常重要。因此，当使用敏捷工作时，它的成功取决于产品特性、

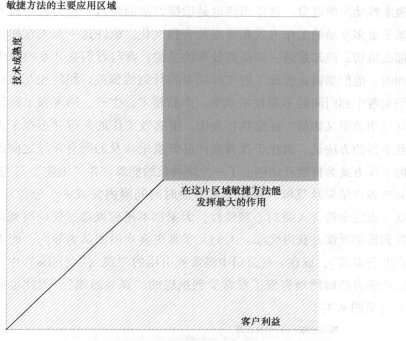

图 9.3 适合敏捷方法产品特性的组合（技术成熟度 vs 客户利益）

技术创新程度和项目中的工作网络化程度。网络化的跨学科工作在大多数产品开发项目中都十分常见，且绝对是成功的关键因素，特别是在具有高客户利益和技术成熟度的产品特性组合领域。敏捷方法能够促进网络化工作及跨职能思维。它起源于软件开发，这并非巧合，因为在软件产品中客户利益和响应速度很重要，并且通常不太会出现全新的编程技术。

9.4 敏捷性——行业差异化的成功因素

机械工程或汽车工程等行业的一大特点就是成熟的开发流程和大量完善的产品开发系统。通过并行工程（Simultaneous Engineering）、使用理论计算和模拟工具及通过或多或少复杂的项目管理方法，在其产品开发过程中已经实现了巨大的效率提升。汽车行业曾不断突破其最短开发流程及时间，虽然统计方法略有不同，但现在已经基本稳定在 30 个月左右。的确，无处不在的数字化提供了进一步提高效率的机会。而更重要的是，我们使用了更好的计算和模拟方法，越来越准确地描述了后期产品的现实。然而，差异化行业中几乎没有出现任何根本性动荡的迹象。这里当然也是敏捷方法的舞台，它为成熟的大公司提供了基于更多互动的工作方式和密集的合作文化，也许这一需求在初创企业中并不那么迫切，但却是进一步提高效率的关键：参与者们在开发项目中的协调程度如何；他们如何让彼此了解实际结果与计划的偏差；如何相互传递信息；如何平衡各个部门间的不同技术水平；产品技术、生产、销售和工商管理之间的相互作用效果又如何？在成熟行业中，更有效工作的关键并不在于进一步改进专业学科的方法论，而在于改善新产品开发中涉及的所有领域之间的互动。敏捷的工作方式为持续互动创造了一个结构化的框架，并"迫使"参与者保持开放，分享各自结果及见解，并在非常短的时间间隔内完成一个阶段性团队交付物。这一点完全符合人类的心理特性，大家都不愿意展望过长的时间周期，更乐于收到短期反馈并获得奖励。人们几乎都更喜欢以团队为导向，而不是"独自坐在办公桌前"，或在一些公司中经常被引用的"孤岛"（Silos）中工作。敏捷方法几乎自然而然地克服了经常受到抱怨的"孤岛思维"，因此也有助于提高效率（见图 9.4）。

孤岛思维 vs 跨学科思维

公司的目标：
满足客户需求并带来利益的产品

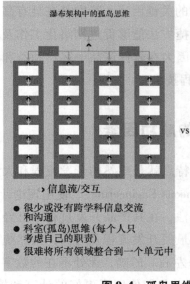

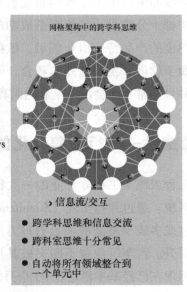

vs

瀑布架构中的孤岛思维 | 网格架构中的跨学科思维

→信息流/交互

- 很少或没有跨学科信息交流和沟通
- 科室(孤岛)思维(每个人只考虑自己的职责)
- 很难将所有领域整合到一个单元中

→信息流/交互

- 跨学科思维和信息交流
- 跨科室思维十分常见
- 自动将所有领域整合到一个单元中

图 9.4　孤岛思维 vs 跨学科思维

9.5 凯傲集团的敏捷

几年前由于市场条件的快速变化和竞争压力的增加，凯傲集团认识到需要加快新型工业货车的开发。因此，敏捷工作方法于2015年初在公司内推出，最初是作为凯傲集团全资子公司林德物料搬运有限公司（Linde Material Handling GmbH）最重要也是最大的产品开发试点项目。这个敏捷项目内部被称为"12××"，旨在开发一个新的叉车系列并将其推向国际市场。公司首先完全专注于单个项目，仔细分析了敏捷工作方法的先决条件，然后始终如一地贯彻敏捷思想，从项目组织到合适的项目研发地区，再到项目经理的任命，最后在外部顾问的帮助下正式引入敏捷工作方法。2015年第一季度末，整体框架条件已完全到位。与此同时，所有项目成员也都接受了敏捷工作方式的培训（个人和小组），并且能够在实际项目中进行第一次实践。为此，凯傲集团专门明确了"边实践边培训"（Training on the job）的方针，以保证成员们不会回到之前习惯的工作方式。这也激发了项目团队使敏捷工作方式取得成功的决心。

经过一年半的敏捷工作，从公司的视角看来，敏捷方法在"12xx"项目中的试点应用产生了显著的效果。最重要的是，它有望缩短工业货车的开发时间。因此，由内燃机驱动的新型叉车将在几年内满足新的废气法要求并获准上市销售，这在公司以前的流程管理之下几乎是不可能的。具体而言，凯傲集团的敏捷工作有多项重要发现：敏捷方法的两周开发节奏已经在机械工业货车的开发实践中得到了证明，并且运行良好。经过几个月的短暂适应阶段，项目团队找到了自己的节奏。此外，与之前项目中实行的里程碑审查相比（仅在审查日当天才会同步全部信息），可以保证项目透明度的持续性。

在"12××"项目中，我们还定义了四个所谓的"工作流"（Workstreams），并同步展开了敏捷工作——钢结构（叉车和升降桅杆的底盘）、驾驶员舱（驾驶室及其控制装置）、电子/电气设备及传动系统（发动机和驱动桥），这使整个项目的区块性管理成为可能。然而，该项目中的这四个小组并没有像"敏捷教材"中所介绍的那样，每天都需要几分钟时间的站会等。相反，在"12xx"的日常工作中，上午的会议只在周二和周四举行。这些会议将持续约半个小时。与传统敏捷节奏略有不同的原因在于：避免项目成员产生控制感很重要的错觉。在四个工作流中，并非所有项目任务都需要"敏捷化"处理。过去和现在都存在单独任务交给特定设计师的情况，订单往往是单线条的，无须进一步互动沟通的任务，如基础零件的设计。即使这种孤立的工作方式与敏捷思想不符，它也已经完全证明了自己。

在"12××"项目中，团队规模设置为 4~12 人（而不是经典的 5~8 人），但这并没有产生负面影响。在组建团队时，团队成员的"产品主人翁精神"（Product Ownership）很重要。因此，非常有必要明确界定各位成员的技术责任和开发内容边界。所有冲刺（两周）内的开发结果严格按照标准进行文档化处理，并实时记录和更新业务案例，这两点都对后续的开发产生了积极的影响，并受到所有项目成员的高度赞赏。管理层能够非常清楚项目的真实状态，凯傲集团内也因此自然而然地形成了实时思维。

凯傲集团已经有能力及时回滚对产品的必要更改，以应对市场对集团整个业务系统和具体项目业务案例的影响，这一点非常重要。以工业货车这一复杂的业务系统为例，其中包括车辆设备的开发、生产、销售、长/短期租赁、二手业务及大量的售后服务业务，具体的产品变化会对整个链条产生极大的影响。这种对产品开发过程中发生的需求变化的及时识别和响应都是"12××"项目中敏捷工作的巨大成功。当然，这并不是林德物料搬运公司决定通过敏捷方式，针对客户需求开发特殊解决方案的唯一原因。因为与全新的叉车开发相比，公司的一些小改动项目从一开始就要求更短的开发过程，更快的反馈循环。

9.6 长期的改变带来成功

既然凯傲集团已经通过试点项目实现了敏捷方法的技术及产品框架，那么现在的问题自然是如何继续下去。对于集团来说，有一点是明确的：已经证明自己并明显带来积极影响的东西必须进一步推广。2017 年春季，公司开始了进一步优化 PEP 基本流程的工作，以使凯傲集团的产品开发流程与敏捷的工作方法更紧密地保持一致。此外，公司计划定义基本的产品平台，其重点是国际产品系列及基本组件的模块化。之后，敏捷方法将被引入到所有即将启动的新开发项目中，并在公司内部精心策划一系列的培训课程。伴随着对敏捷工作方式的全面介绍，公司也重新为开发部门确定了 KPI，通过这些 KPI 可以衡量和跟踪计划的效率提升率。有一点是明确的："无法实现明显的商业效应，改变就没有意义；仅仅遵循一种时尚并不是正确的创业方法"。凯傲集团的发展转型始于 2015 年春季引入敏捷工作方法，目前正进一步稳定推进，并规划了明确的经济目标。因此，敏捷方法已然成为凯傲集团业务成功的基石。

第10章
"混合敏捷"——两全其美

安东尼奥斯·雷廷格

10.1 欧司朗的起点

拥有 100 多年历史的欧司朗是世界领先的光学解决方案供应商之一,其总部位于慕尼黑。公司的产品组合包括基于半导体技术的高科技应用,如红外 LED 或激光器。这些产品广泛应用于虚拟现实、自动驾驶、手机、楼宇(城市)的联网智能照明解决方案。在车辆照明技术领域,公司是全球技术和市场的领导者。截至 2016 财年末(截至 9 月 30 日),欧司朗在全球拥有约 24600 名员工从事经营业务(不包括 Ledvance[⊖]),2016 财年的销售额略低于 38 亿欧元。欧司朗(www.osram.com)分别在法兰克福和慕尼黑证券交易所上市。

自 20 世纪末发明蓝白发光二极管(LEDs)以来,整个照明行业经历了根本性的技术变革。上一代照明设备,如白炽灯和荧光灯,将被基于半导体的固态技术(SSL)产品所取代,这其中的变革驱动力是可实现的节能效率(lm/W)和成本效率(lm/美元)。这种"LED 化"将半导体行业的规则强加给了照明行业:"摩尔定律"也以特殊的形态适用于这一行业。每年都有更"强大"的 LED 进入市场,实现更高效、更具成本效益的照明系统。这意味着产品生命周期及对应的开发时间都显著缩短。电子领域的核心竞争力显得愈发重要,而行业内的其他竞争对手(来自亚洲)也早已开始了各自的布局工作。

因此,欧司朗在 2011 年将其原本的串行产品开发流程并行化(见图 10.1)。公司首先在通用照明部门开始试点,并特意邀请了专业顾问支持这一名为"Move for Speed"的项目。一年时间内,全球范围内建立了拥有约 90 名员工的新多项目管理(MPM)职能部门,其核心任务如下:

(1)产品管理(Product Management,PM) 产品负责人在整个产品生命周期中承担损益责任——从想法到停产。

(2)多项目管理(Multi Project Management,MPM) 所有产品开发项目相关的跨职能部门管理(也称为项目管理办公室,Program Management Office,PMO):该部门提供专门的项目经理来管理跨职能产品发布团队(产品介绍团队,Product Introduction Team,PIT),并负责组合项目的具体实施。

[⊖] 原为欧司朗旗下整体照明业务公司,现由中国照明公司 MLS 所有。——译者注

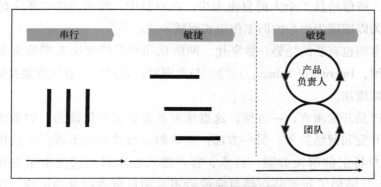

图 10.1 欧司朗产品开发流程的演变之路

（3）产品指导委员会（Product Steering Committee，PSC） 项目决策机构，配备各部门负责人在全球和区域层级批准新项目，并在出现计划偏离或资源瓶颈时做出优先级决策，并设法减轻团队负担。

（4）瀑布方法论（Wasserfall-Methodik） 项目管理标准方法，用于项目的结构化实施。项目阶段规划、产品开发、工业化和市场投放是逐步进行的（工作分解结构，Work Breakdown Structure，WBS），并应用"V字原则"（需求规范、功能规范、实施、验收）。

（5）阶段门流程（Stage-Gate-Prozess） 项目阶段规划、产品开发、工业化和市场启动的同步里程碑。

（6）关键绩效指标（Key Performance Indicators，KPI） 建立项目成功的衡量标准：主要关注时间［遵守截止日期："准时交货"（On-Time-Delivery）和生产时间（Time-To-Launch）］、产品制造成本，质量、性能及项目预算。每个项目成员都会收到这些项目 KPI 作为目标。KPI 的更新发生在每个里程碑之后。在产品层面，市场成功与否则会由推出三个月或一年后的"即时变现"程度（Time-To-Money）来衡量。

最终结果是公司显著缩短了产品开发时间（不到一年），并且承诺的市场发布日期具有很高的可靠性（超过 75%）。这为基于电子/LED 技术的系统产品竞争力提供了决定性的贡献。由于这一试点项目的运营成功，欧司朗开始在所有部门推广敏捷方法，并逐步使其成为公司产品开发过程的新核心方法。

10.2 使用敏捷的动机

多年成功的项目工作让我们发现：具有明确职责的清晰流程有时会被认为

过于僵化，或留给员工个人的自由太少。在项目中，跨职能协作带来的原始兴奋感会因为以职能为中心的旧工作模式而减少。

市场方面也有新的趋势：数字化、网络化和对系统解决方案的需求（关键词：物联网，Internet of Things，IoT）。与此同时，客户特定解决方案及创新的需求也在不断增加。

对于产品开发而言，一方面，这意味着需要扩展其他能力，如系统架构设计、软件开发和网络技术；另一方面，经典的瀑布式方法不再完全适用于创新开发或客户特定的解决方案：技术、客户需求在项目期间发生了变化。这些"移动目标"增加了新产品在项目完成后不再满足更改需求的风险。我们需要一种新的方法！

1. 对敏捷方法的期待

因此，公司在 2015 年研究了不同的开发方法。敏捷方法在软件开发中广为人知：Scrum 已经用于电脑软件应用程序开发多年。但是，这种方法在硬件和机械开发占比较高的项目中似乎很难得到应用，因为此类项目不仅受到"交付周期"（lead-time）的限制，而且没有软件项目的高定制化特征。

2015 年底，在参加 F&E 专业论坛（F&E-Fachforums）之后，公司做出了最终决定：当时，多家公司报告了它们在敏捷环境中取得了机电一体化项目的成功。核心创新点正是产品负责人团队（POT）：销售、开发和项目管理的联合"胜利"。欧司朗将这一概念转接到了自己的内部架构上，其目标在于改善产品经理、系统架构师（开发人员）和项目经理之间的合作。

公司内部对敏捷的期望也是多方面的：
1）在开发阶段更灵活地应对不断变化的市场需求。
2）更精确的资源和任务优先级评估。
3）持续优化的项目时间和成本，始终高度遵守截止日期。
4）项目团队跨学科合作。
5）更多的员工自由空间。

2. 引入敏捷方法

2016 年初，欧司朗决定在专业顾问的支持下引入敏捷方法。在全球开发和多项目管理经理的管理下，欧司朗在"数字系统"（Digital System）业务部门迈出了第一步。核心理念并不是将敏捷方法作为替代品，而是对已获得成功的瀑布方法的补充：进化而不是革命！期望在创新项目中逐步体现出敏捷的特点。

首先在北美和欧洲选定了三个研发基地，并专注于产品系列：LED 驱动和灯光控制。选择了四个具有创新特征和快速变化市场要求的项目。参加试点项目的都是经验丰富的员工。最终目的是：成功实施这些敏捷试点项目，并对未参与员工产生"拉动"效果。而事实也正是如此，三个月后：另外两个敏捷试点项目和研发基地也加入了进来。

每个基地都首先开展了一次敏捷"入门"活动，约有 30 名参与者，由各个职能部门的项目成员及其上级组成。活动的最后，项目发起人亲自询问每个参与者是否要"一起尝试这种敏捷方法"，这与敏捷所倡导的团队独立管理理念是完全一致的。最终得到的敏捷支持率都超过了 98%，而怀疑的声音几乎都来自结构设计部门，因为敏捷在这一领域几乎没有什么优势。因此大家也一致同意，在试点项目的进程中对该领域进行重点关注，并找到合适的解决方案。

一位外部的敏捷教练以周为单位对各个试点项目进行交替指导。此外，项目开发和 MPM 团队中经验丰富的负责人也都参与到了这些试点项目中，其目的是在项目中建立起公司内部的敏捷教练能力。

每个项目团队都采用了相同的实践方法：团队成员首先接受了为期两天，关于敏捷方法的集中培训，接着进行了一周的"测试冲刺"来实践所学的内容。在此之后，"真正"的两周冲刺就开始了。在这两个星期中，敏捷团队每天进行"站会"。两周之后，敏捷教练会参与本次冲刺的回顾工作，并和全体团队成员及 POT 一起准备下一个冲刺周期的开发内容。

作为敏捷试点项目的一部分，敏捷教练介绍了以下几个敏捷的核心方面。

（1）团队配置（Team-Setup）

1）POT="产品负责人团队"：一支由来自产品管理、技术开发和项目团队代表组成的管理团队，负责项目的整体规划。

2）敏捷团队（Agile-Teams）：来自不同职能部门的开发人员，负责功能实现。

（2）会议结构（Meeting-Struktur，即敏捷仪式 Agile-Ceremonies）

1）秘密会议（Konklave）：更新发布待办项计划，与 POT 共同确定下一个冲刺目标。

2）冲刺计划：POT 和敏捷团队明确同意下一个冲刺目标（"故事"，Stories），并对必要的任务和"完成的定义"（Definition-of-Done）达成共识。

3）每日站会（Daily Standups）：敏捷团队成员之间每天进行 15min 的交流，并更新任务状态（独立执行，无须 POT）。

4）演示（Demonstration）：在冲刺周期结束时，敏捷团队演示结果，供 POT

验收。

5）回顾（Retroperspektive）：与敏捷教练一起分别为敏捷团队和 POT 审查上一个冲刺周期中的绩效。

（3）透明度（Transparenz）

1）发布/待办事项工作板（Release/Backlog-Board）：显示发布里程碑及相关的史诗和故事。

2）敏捷看板（Sprint-Board）：显示冲刺中各个故事的进度，分解为个性化的单天任务（待办事项、进行中的工作、完成、完成的定义）。

3）魔法估计（Magic estimation）：估算史诗、故事和任务的工作量及处理时间的方法。

4）成对比较（Paarweiser Vergleich）：根据客户需求的重要性确定优先级（史诗、故事和故事），以此为基础明确后续工作的顺序（"强制排名" forced ranking）。

每两周，项目发起人、外部敏捷教练和选定的小组负责人之间也会举行简短的更新会议。这有助于监控项目进展情况，确定纠正措施并交流经验教训。

10.3 必要的调整："混合敏捷"

在使用敏捷方法一个月之后，我们很快意识到，尽管采用了 POT 团队，但如此引入的敏捷方法并不会带来所需的项目成功：以机械零件的加工生产来说，"SprintX"设定的管理供应商及合作伙伴的目标精确度实在太低。因此，公司决定再次引入了整体项目计划（总体计划 Masterplan），项目主管为供应商和合作伙伴创建了一个专门的项目分解结构（WBS）。这使整体项目再次拥有了清晰的时间表和会议邀请。而且基于前置时间（lead-time）的项目框架边界也能再次变得清晰，如制造工具的采购等信息。

这就形成了"混合敏捷"这一全新的方法论：经典的硬件/机械工业化的瀑布方法和软/硬件开发的敏捷方法相结合，两全其美（两个世界的最佳结合，best of two worlds）。

形成"混合敏捷"方法的根本原因是：在计划批量生产时，机械制造类产品的基本属性中总会包含前置时间。即使使用创新的制造方法，如 3D 打印，工业化也只能加速小型量产项目。相比之下，虚拟的软件可以在功能上每天进行调整。

通过这种改编的"混合敏捷"方法，项目团队进行了重组：

（1）敏捷　软件和硬件原型的开发团队，包括系统测试。

（2）瀑布　硬件和机械零件的工业化生产及市场发布团队。

而 POT 则作为最高层的管理团队，处理整体的管控和同步工作。（见图 10.2）

其中，每个 POT 成员都有各自明确的角色和任务重心：

（1）产品经理（PM）　他定义了需求（什么？ What?），并管理市场发布团队。这种角色的挑战在于史诗故事和故事的定义

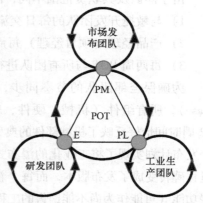

图 10.2　POT 与敏捷团队的组成

及根据"必须拥有"（must-haves）（基础功能和平台特性）"应该有"（should-haves）和"可以有"（nice-to-haves）的比较来评定这些需求的优先级。当项目时间有限时，在明确交付节奏和冲刺开发周期之后，他可以根据优先级削减需求。

（2）系统架构师/研发工程师（E）　他定义了产品架构和技术功能（如何？ How?），并管理敏捷开发团队。该角色的挑战是定义清晰的技术接口，以确保并行开发的内部团队之间（硬件、固件、应用软件）及他们整体和来自项目外部的交付物（如平台模块、前期开发成果等）能够顺利完成系统集成。为此，需要在制定冲刺计划时咨询专业领域的专家（"开发代表"）。

（3）项目领导人（PL）　他定义了整体项目计划（何时？ When?），并管理工业化团队。他还负责所有团队和项目实施的整体同步情况。这个角色的挑战在于"放手"，项目人员的（微观）管理（Micro-Magagement）不再存在，取而代之的是冲刺计划会议和敏捷团队自主管理（冲刺期间）。只有在冲刺周期中出现严重问题时，他才会充当 POT 中敏捷团队的第一联系人。

POT 的核心在于联合合作：POT 团队一起规划版本发布/待办事项，共同决定下一个冲刺的优先级，并确认敏捷团队的成果。这需要三个职能部门之间非常密切的合作。这是一种全新的体验，特别是对于产品经理来说：他必须与其他两位 POT 成员就需求的可行性和交付时间达成一致，并且不再是唯一的产品所有者。独立的 POT 面板（POT-Board）用于更透明地显示 POT 团队的任务。这种透明度和更紧密的协调性使 POT 成员能够相互代表，为他们在与敏捷团队

的交流过程中提供了更多的灵活性，如在冲刺计划或演示过程中。

由于团队及其职责范围不同，同步周期也不同：

1）与敏捷开发团队的每日交流。

2）产品经理（项目经理）每周与产品发布及工业化团队沟通。

3）每两周 POT 与所有团队进行同步。

为确保全部团队的节奏同步，每 12 周还会发布一次（临时）版本（Release），所有组件（机械、硬件、软件、工具）会进行一次完整的系统集成。12 周时间恰好反映了机械部件的典型开发时间，这相当于六个冲刺周期。通过这个发布计划实现了将工业化的瀑布式里程碑与敏捷开发的冲刺同步。上一阶段的里程碑转变成了发布版本，而每个新版本都代表着至少一个可以向客户演示的扩展功能（可能作为尚不能销售的工程样品 Engineering Sample）。这允许更早地对下一个版本进行反馈和调整，承诺的产品发布日期是最终版本（见图 10.3）。

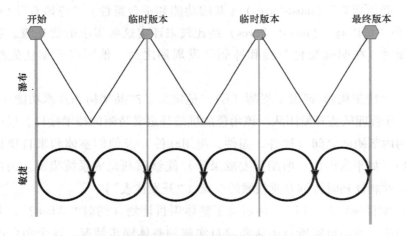

图 10.3 瀑布方法里程碑节点和敏捷冲刺之间的发布同步

使用"混合敏捷"方法项目的规划工作量要少得多，因为它的详细程度不如纯瀑布法。敏捷任务仅粗略地包含在整体项目计划中，敏捷团队的实际任务会映射在冲刺看板上。

1. 引入时的挑战

作为试点项目的一部分，在实施过程中必须解决一些要点：

（1）**敏捷团队的规模**　5~8 名员工已被证明是敏捷团队规模成功的模板。只有这样，才有可能在团队中互相帮助。在理想情况下，团队所拥有的能力是重叠的。具有谷仓效应（Silo-Wissen）知识的员工（仅针对只有一个人的情况）会成为瓶颈，特别是如果这位员工还会受到项目之外的其他任务影响。

（2）办公地点　类似欧司朗这样的国际化大公司通常有不同的开发、生产、销售和营销办公地点。理想状态的联合办公模式（同一地点）根本无法实现。然而，至少部分地，可以通过使用现代通信媒体和电子工具来创建一个解决方案，以执行日常站会并使看板内容在全球范围内可见。这也使得跨地点合作成为可能。建议在项目启动时，组织一次 POT 和敏捷团队的线下会议，让大家可以面对面地相互了解。这样的活动也在之后的通力合作中得到了认可。在理想情况下，应在成功发布版本后每三个月组织一次这样的线下回顾研讨会活动，以便为下一个版本做准备。

（3）电子工具　敏捷方法的电子工具可提供 POT 和敏捷团队任务及文档的必要透明度，并帮助成员对整体进度进行管控。对于首次使用敏捷方法的项目，纸质看板有助于第一次冲刺，使团队熟悉方法。在那之后，团队可迅速切换到电子工具（如 Confluence、Jira），因为它们可以节省大量的操作时间，让团队在冲刺周期中保持更好的任务透明度，进行项目进度管控，生成和保存版本/待办事项计划文档，更准确地跟踪经验教训（Lessons learned）、改进方案（Improvements）等。此外，电子工具也允许成员们在商务旅行期间参加团队会议。

（4）需求工程　需求工程是成功实现"混合敏捷"的重要能力：产品经理必须能够从客户及最终用户的角度（用例和史诗故事）描述需求；系统架构师则必须能够将其转换为技术功能（故事）；再由敏捷团队制定技术解决方案（任务）。在实践过程中，"什么"和"如何"经常被混为一谈，而这会导致需求包含技术解决方案，这阻碍了创新和项目灵活性。我们可以通过焦点矩阵（Fokumatrix）获得需求清晰度，其中"什么"和"如何"是两条垂直的坐标轴。

（5）系统架构　系统架构决定了项目的灵活性框架，保证其在开发阶段能适应新的需求。系统架构基于产品经理的"必备"需求（基本功能）。以建造房屋为例："帐篷""单户住宅"和"高层建筑"决定了项目后期可以调整的内容。单户住宅中不可能有额外的地窖，但可以调整二楼瓷砖的颜色、类型或形状。这和瀑布方法有根本的区别在于，瀑布方法必须通过严格的需求规范预先定义所有项目需求（"房间 x 的地毯颜色为 y"）。

（6）组长　来自开发团队（硬件、固件、软件、系统测试）的组长在"混合敏捷"中扮演着不同的角色：尽管他们继续为员工计划项目，但他们不再自己管控。任务派遣等工作现在由 POT 在冲刺计划中执行。敏捷团队现在则可以独立定义他们在冲刺期间何时、如何及由谁执行任务。组长不应该也不再施加任何影响，否则他会破坏敏捷成功的核心：员工的自主意识和个人责任。但这意味着对于组长来说，此前的一项重要任务，即技术领导和管控，被取消了。这需要良好的变更管理及对替代任务的明确定义。事实证明，让组长以系统架构师、经验丰富的中立的内部敏捷教练或冲刺规划专家（"开发代表"）的身份进入 POT 团队是十分有效的。

关于敏捷方法有很多先入为主的观念，它们必须得到纠正。这一工作需要在各个层面进行持续沟通。最重要的是，项目发起人需要有能力澄清常见的误解：

1）"敏捷方法让项目进度更快"。

正确的说法：敏捷带来了更多的内容灵活性和焦点持续性。借助敏捷，可以在项目开发过程中更快地响应市场需求，减少不必要的设计循环。

2）"敏捷方法缩减成本"。

正确的说法：成本基本保持一致，但早期反馈循环可最大限度地降低设计更改带来的额外成本。

3）"敏捷意味着不存在时间压力和预算框架"。

正确的说法：项目结束日期、产品及项目成本依旧会预先制定。公司依旧由业务约束和客户需求驱动。人们可以"不断修改"的希望也同样不适用于敏捷。

4）"敏捷意味着我不再需要遵守任何流程要求"。

正确的说法：敏捷需要团队成员更自律。任务必须在两周的冲刺内完成，但团队现在可以自行决定如何完成这些任务。

5）"敏捷意味着不再需要项目管理，团队可以自行安排"。

正确的说法：没有一种方法可以奇迹般地自行解决所有问题。敏捷的优势在于项目进度、实际问题可以更快地在项目中显现出来。该解决方案仍需要一个项目管理来处理问题并做出他们力所能及的决策。项目管理会随着 POT 人员的增加而扩大。

2. 成功的关键因素

在引入"混合敏捷"的过程中，我们总结出了以下几个成功的关键因素：

（1）产品负责人/团队（POT）掌握需求工程是至关重要的。不同的能力需要三位不同的职能人员：产品经理："什么"；系统架构师："如何"；项目经理："何时"。在一个人身上找到全部这些能力几乎是不可能的，这与 Scrum 中的产品负责人（POT）有着决定性的区别。

（2）与定义的敏捷流程没有偏差　敏捷流程是成熟且经过验证的，任何偏差都会降低其有效性或破坏其优势。特别是在延长冲刺周期（超过两周）的情况下，反而会产生负面体验。虽然时间更长，但冲刺结果并未实现。造成这种情况的原因通常是任务开始得太晚（"还有很长的路要走"），或者低估了外部干扰。因此，规则一直都是两周的冲刺节奏始终保持不变。如实在有必要，必须定义中期结果。

（3）明确个人责任　团队成员希望做出自己的贡献，当他们能够向敏捷团队或 POT 展示成果时，他们会感到自豪，这就是敏捷如此成功的原因：独立填写任务卡会产生责任感。在"每日站会"中将卡片设置为"完成"可以提高自尊心。在某些情况下，卡片可以提供追溯性："我也为小组做出了一些贡献"。因此，以下规则适用于冲刺：每个任务都是明确的个性化内容，并且可以在一到两天内独立完成。

（4）成果和进展的透明度，每日更新　"透明度"通过明确项目状态、进度和问题/障碍来建立信任。这样可以更快地找到解决方案。

（5）团队自行决定权　敏捷团队可以在两周时间的冲刺中自由地组织工作，而不受组长或 POT 成员的影响。作为回报，敏捷团队承诺在冲刺结束时完成承诺交付的"故事"。"每日站会"在开始时存在这样的问题：由于 POT 代表的"积极参与"，原定的 15min 延长到 2h。而结果却是：对团队解决问题能力的信任度下降，个人责任感的破坏。因此，针对 POT 需遵守以下规则：在"每日站会中"旁听可以，但不能发言。

（6）时间框架（Time-boxed）　两周的冲刺和 12 周的产品版本发布是敏捷项目中反复出现的开发节奏。敏捷的核心是通过这种短节奏将瀑布方法中常见的"V 模型"分解为许多小的"V"，从而允许更灵活地集成不断变化的需求。

（7）敏捷教练　敏捷教练是向敏捷方向进行文化变革的催化剂，也是团队绩效持续改进的保证人。这一角色需要一位经验丰富的，了解团队流程的领导者。每两周一次的回顾会议是效率提升的核心：团队会讨论在上一个冲刺中的表现，并商定是否需要对下一个冲刺做出调整。这能够使敏捷团队发展成为"高绩效团队"。这种内置的持续改进过程是敏捷成功的关键。

（8）自上而下的引入方式　最高管理层自上而下的实施敏捷方法（"他们想要"），在实际过程中非常有帮助。外部中立的敏捷教练带来了必要的外部视角、方法和教练经验；选定的小组负责人则确保实际内容在基层得以实施。

10.4 前景

1. 未来步骤

在欧司朗,"混合敏捷"目前已被正式纳入产品开发流程,作为一种以创新为重点的补充项目管理方法。

由于良好的 POT 体验,该概念也在公司所有经典瀑布方法管理的项目中得到实施。针对敏捷团队,公司则进行了基础设施投资,即在全国范围内推广电子敏捷工具,并在可能的情况下在各个办公地点设立专门的团队室。

内部敏捷教练(开发和 MPM 团队的组长)将在敏捷方法和团队流程方面接受专门的培训,以进一步传播这种新的开发方法。产品经理、系统架构师和项目经理则开始接受特定的"需求工程"培训。

2. 总结

"混合敏捷"和"瀑布式"是互补的项目管理方法,可根据实际目标应用(见表 10.1)。"混合敏捷"结合了传统瀑布方法的优势和敏捷方法的灵活性。它的明显优势在于可以在项目过程中灵活地整合不断变化的市场需求。"混合敏捷"的应用特别适用于创新。敏捷并不意味着更快,而是在内容方面做到更灵活的"准时"。

表 10.1 "瀑布式"和"混合敏捷"项目方法的概述及应用

项目方法	瀑布式	混合敏捷
重点	清晰的市场需求,明确的最终目标	快速变化的市场需求,模糊的最终目标
方法	自上而下,线性	迭代式"时间框架"
原则	V 模型: 规格、功能规范 执行、验收	敏捷原则: POT 计划和管理 敏捷团队自我管理,承诺交付物 验收节奏(冲刺、版本发布)
应用实例	产品修改 设计成本(Design-to-Cost)	创新 客户定制化解决方案

第 11 章
艾斯玛的敏捷产品开发

于尔根·莱纳特,卡斯滕·冈拉克

11.1 敏捷@艾斯玛——在创新项目中将不可能变为可能

世界各地的能源供应结构都处于动荡状态，分散的可再生能源正变得越来越重要。在这种动态环境中，光伏逆变器及其系统技术制造商行业的竞争愈发激烈，产品生命周期越来越短。为了在这个竞争激烈的市场中成功站稳脚跟，市场领导者艾斯玛太阳能技术股份公司（SMA）必须开辟新的商业模式和增效领域，但最重要的是推动快速创新（Keese 2014，2016）。

艾斯玛的负责人从一开始就清楚，对现有产品进行纯粹的"进化"无法满足新的市场需求以及长期增加的成本压力。因此执行委员会在 2015 年底建立了一个特别项目，旨在实现创新的重大飞跃（见图 11.1）：具有最大市场渗透率的全新概念的逆变器（演示器），与现有产品相比，其制造成本将削减一半。

在项目开发的"常规"条件下，即依靠经典的项目管理结构，在如此严苛的时间和开发内容前，我们认为公司无法取得成功。因此负责该项目的发起人团队（由开发、业务团队的主管组成）大胆决定开辟全新的道路。除了技术创新，该项目还将重点放在了项目相关的特殊边界条件的建立及创新方法的应用（Gundlach 2010，Lunau 2013，Fischer 2016，Gundlach 2015）。

11.1.1 打破思维模式，跨域知识融合方案

跨学科项目团队为这项任务提出的"准则"（见图 11.2）至关重要，一方面指定了目标方向，另一方面为新想法/概念、创新方法（Smerlinski 2009）留出了足够的自由空间。

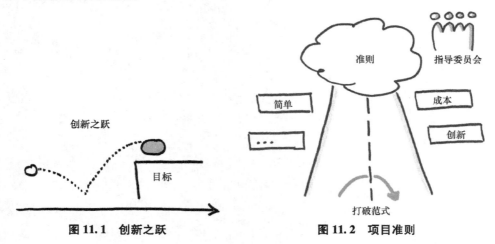

图 11.1 创新之跃　　　　　　　　图 11.2 项目准则

鼓励项目团队成员突破熟悉的思维模式，考虑看似不可能的内容，并尝试使用其他公司和领域内的创新方法，并进行横向类比。随后，这些知识将被重组并以面向解决方案的方式汇集在一起。

11.1.2　工作步骤——分3步，并"敏捷"地实现目标

为了解决这一挑战，该项目采用全新的解决方案方法："可控的创意爆炸"（Kontrollierte Kreativexplosion）和"专注于本质"（Fokussierung auf das Wesentliche）。具体实施被分为三个阶段（每个阶段三个月）（见图11.3）。

1）阶段1：头脑风暴。
2）阶段2：概念梳理。
3）阶段3：原型开发。

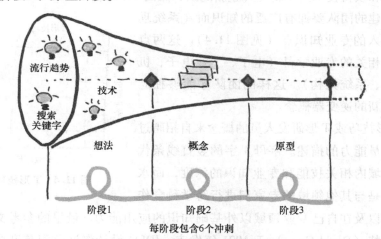

图 11.3　PEP 之前的 Scrum 阶段门

在阶段1之前，必须创造合适的框架条件并选择项目成员。

发起人团队决定开展"敏捷"项目，以应对创新项目中的复杂性和动态性（Fischer 2016, Wolf 2016, Bayer 2016）。为了确保快速度过"敏捷开发"的学习阶段，艾斯玛在建立项目的早期阶段利用了外部专业知识。整个项目的目标并不是在艾斯玛引入敏捷方法，而是完成创新项目。重点是"审查和适应"新的理念："我们尝试会推动我们继续前进的东西！对我们没有帮助的东西将被改变，直到它有帮助！"

11.1.3　"敏捷开发"究竟是什么？艾斯玛内部是如何理解的？

敏捷开发是一种基于团队的方法，使开发团队能够自行决定"如何"开发

产品（在我们的例子中是原型机）。产品负责人会描述产品"内容"，包括产品愿景、要求、功能及限制（见图 11.5）。敏捷方法背后的目标是在短迭代（冲刺）中分段式地交付产品。这些阶段性成果可以是想法、草图、概念、评估矩阵、成本分析、CAD 图样和物理模型。此外，在每个冲刺结束时的成果演示（Demonstration）中获得反馈非常重要。基于敏捷框架（Gloger 2013），该项目可实现准确且顺畅的沟通，并降低项目复杂性。

11.1.4 团队——组建一支各个领域都没有短板的团队

在项目开始之前，公司首先组建了一支由预研/技术开发团队成员和产品开发人员共同构成的跨学科团队。这是为了同时确保项目成果在日后批量生产中的适用性和项目技术的创新性（创新之跃，见图 11.1）。

新组建的团队要拥有广泛的知识面（系统理解）和深入的专业知识点（见图 11.4），这两点包含所有相关的专业学科（电子、工业电子、机械、软件、系统架构）。这样的团队才能够独立开发出全新的逆变器概念。

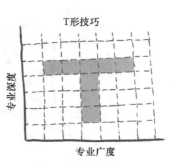

图 11.4 T 形技巧

"T 形技巧或 T 形研发人员的概念来自招聘过程中对人员能力的描述。字母 T 字的竖直线条代表单个领域内相关技能和专业知识的深度，而水平线条则是与其他领域的专家们进行跨学科合作的能力，以及在自己专业领域以外基础知识的应用能力。最早的参考文献由大卫·盖斯特（David Guest）于 1991 年发表。IDEO 设计咨询公司首席执行官蒂姆·布朗（Tim Brown）认为这种简历评估方法是一种能够建立跨学科，创新工作团队的方法。"（http://en.wikipedia.org/wiki/T-shaped_skills）

为了培养真正的团队精神，团队可以在自己的办公大楼中工作，并配备所有必要的设施（办公室、实验室、会议室、厨房等）。

开发团队还需要和市场方（业务部门）同事的配合。产品负责人的角色不是由一个人（Schröder 2016）完成的，而是由产品管理、系统架构师和项目经理共同组成（POT）。我们还与敏捷教练合作，帮助团队实现目标并解决困难和障碍。

对于经典的项目开发，艾斯玛拥有由项目经理、技术经理和产品经理组成的项目管理团队。而敏捷教练则是一个全新的角色，他的主要任务是成功地引入敏捷方法，确保团队遵守敏捷规则，主持相关会议，管理待办事项及处理障碍和干扰。但极其重要的是，他不行使任何更高级别的职能权利。就其专业技能而言，首先自然是对敏捷方法的掌握，对相关规则应用的介绍和团队（研发团队、产品负责人团队、指导委员会）出现冲突时的调停能力。敏捷教练的主要目标是让团队成员们站到舞台的中央，为项目的成功做出重大贡献。

这个项目的重要性要求公司额外成立一个由管理层组成的指导委员会（见图 11.5）。

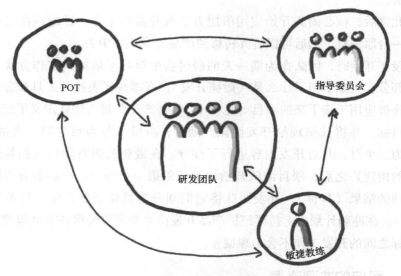

图 11.5　项目角色的相互关系

指导委员会（Sponsoren）给了项目团队最大的自由来实现目标。所有成员都能够对项目的任何方面提出质疑，并且允许使用非常规的开发方法，这两点对于整个公司而言都是一个特别的挑战。然而，它对打破现有的思想和行动模式并勇敢地开辟新天地做出了决定性的贡献。

11.2　项目实施——准确无误地走向成功

项目开始前的准备工作大约花费了 2~3 个月的时间。首先根据之前的需求定义在预研/技术开发和产品开发部门选择了几位专家（见图 11.4），而之后被选中的项目基础成员则逐步从原本的日常工作中脱离出来，开始接触这一创新项目。公司的目标是在阶段 1 开始之前，让所有项目人员都投入 100%的精力到创新项目中,以实现对这个项目的充分关注。这种资源释放通常是一种痛苦的经历,因为它意味着将其他一些事情抛在脑后,或停止几个项目中的多个并行任务。

但是通过分步骤、分批次地调整项目成员的工作,可以将上述影响降至最低。此外,部分项目的具体活动也都已在这一筹备阶段开展,其中就包括对内部专家的采访及对内、外部技术的研究。为了确保系统化的工作方式,专家们还定义了关键字。此外,团队成员开始构建一个想法库,并同时启动了竞品和专利分析。

在此之后,核心团队开始应用敏捷方法展开实际工作。目的是在三个阶段后展示一台原型机,然后可以将其转移到产品开发项目中去。

阶段1开始时,团队在为期一天的研讨会中学习了敏捷的工作方式。在理论学习部分,大家学习了什么是"敏捷开发",有哪些代表性的工具和方法及其中哪些将被应用于接下来的项目(见图 11.6)。产品负责人团队定义了三个阶段的项目目标,并将其呈现给开发团队。随后,阶段1分为每两周一次的冲刺,总周期为三个月,并对开发内容进行了细分。在最初的粗略规划(初始产品待办列表的构建)之后,项目团队开始详细计划第一个冲刺。产品负责人团队呈现要实现的结果(目标),开发团队将它们划分为具体的任务包(任务)(见图 11.7)。在冲刺计划板上持续维护产品开发待办事项可确保各个里程碑或项目阶段目标之间的开发工作不会出现偏差。

11.2.1 经典的冲刺流程

每一个典型的冲刺开始(见图 11.7)之前都有一个细化会议(Refinement Meeting),产品负责人团队和开发团队共同创建和更新冲刺预先计划。冲刺首先从冲刺计划1开始,产品负责人团队向开发团队解释所需的结果,然后双方共同商定完成的定义(DoD,验收标准)。然后,开发团队将要实现的结果分解为任务包(Task)。随后将可支配的工作时间与工作目标(工作包)进行比较,确保定义的工作可以按时完成。然后,开发团队在冲刺结束时提交承诺的交付物。目标、验收标准和工作包都在任务看板(冲刺看板)上清晰可见。冲刺计划后添加的任务需要不同的颜色显示(白色便利贴),这样有助于明确冲刺和任务计划的质量。此外,单个任务的工作时间不应超过三天。

每天早上在同一时间,开发团队(有时与产品负责人团队一起)在任务看板前进行15min的站会。这可以确保整个团队了解所有活动(日常定期沟通)。

图 11.6 敏捷流和工件

敏捷教练也能够很好地倾听，辨别是否存在他可以处理的"障碍"（问题），以提高团队表现。冲刺期间，工作包从"待办事项"通过"处理中"移动到"完成"。

当冲刺结束时，开发团队将和产品负责人团队一起向指导委员会进行演示。"真实"和"透明"的"完成成果"是演示的核心，这相当于每 14 天进行了一次"小型"SOP。这意味着每个人都清楚项目是否仍在"正常进行"。

"绩效评估"可以用一些关键性指标来展示（见 11.3.1）。

回顾是一次总结性质的会议，开发团队和敏捷教练会对本次冲刺进行反思，以便在下一个冲刺中保持"良好"的状态，同时发现应该在下一个冲刺中应立

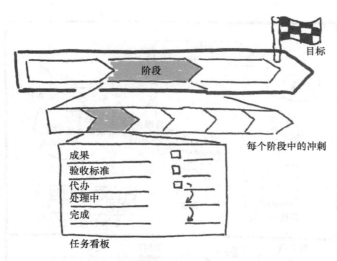

图 11.7 项目划分为各个冲刺和阶段

即实施的改进措施。

11.2.2 项目中应用的方法

除了敏捷，项目中还使用了其他一些极具创造力的创新方法，特别是在阶段 1（分析和想法）和阶段 2（概念开发）。例如"俭约创新"（Frugalen Innovation）和"按成本设计"（Design to Cost）等方法也都得到了应用，但此处不再赘述。

基于阶段 1（创意研讨会、精心设计的搜索关键字、知识检索等）的成果，开发团队在阶段 2 制定了大量粗略的概念。最终目的是通过适当的评估机制做出开发决定。为此，预先创建了一张概念图（Konzeptchart），让团队成员们能够更好地对比这些概念并进行归档。此外，产品负责人团队定义了评估标准（除了成本，还包括其他决策点）。

由于所选概念的"创新性"，团队决定在阶段 3 的最初阶段生产一个模拟产品（"最小可行产品"MVP，Ries 2014），以便在实际产品开发之前的早期阶段获得市场反馈。即在研发原型机的同时进行市场研究。

在各个阶段得到应用的方法将在下文详细介绍。

MVP 是最小可行产品（Minimum Viable Product）的缩写，它代表着"满足最低要求，具有最基本特性的产品"。大多数情况下，MVP 和精益创业理念有关，但在上文所提到的开发阶段中也能很好的使用。

制造 MVP 的原因是快速测试我们的概念（针对特定客户），并获得早期的市场反馈。根据国际市场的反馈，进一步迭代，可以对概念进行适当调整。我们的 MVP 只具备了说明我们开发概念所必需的基本功能，其重点始终是降低风险（市场接受度、需求）。

11.2.3 创意技术（Kreativitätstechniken）

我们所说的创意技术是指促进创造力，专门产生新想法，创造"蓝图"或解决问题的方法。下面列出的方法可用于定位问题、加快构思和流程、扩展搜索方向及解决心理障碍。一般来说，创意技术可以分为直观方法和话语方法，如图 11.8 所示。由于大多数方法都是已知的，因此已经在许多公司中得到了应用，在此不再赘述（Gundlach 2010，Gundlach 2015）。

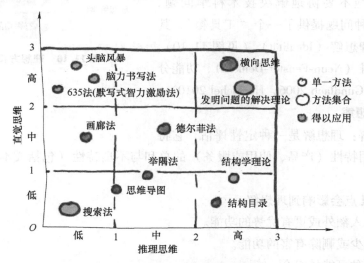

图 11.8　方法论概述（SPP 2016）

为了能够比较各种概念，我们将使用一个概念图，其中每个单独的概念都会根据统一的标准进行描述（见图 11.9）。此外，产品负责人团队会提前创建一组评估标准，以确定概念分数并使它们具有可比性。

使用 TRIZ 方法可以进一步配合其他方法，其中包括主观感受和客观分析方法。接下来将更详细地解释我们所使用的 TRIZ 方法。

11.2.4　TRIZ

TRIZ 一词代表俄语单词的首字母缩写"发明问题的解决理论"（Theorie des

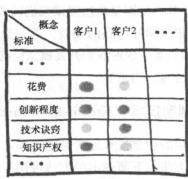

图 11.9 概念图和评估标准

erfinderischen Problemlösens)。该方法的基本思想就是绝不妥协地解决技术科学问题。TRIZ 为各种问题提供了一个"工具箱",其中包括:理想解(Idealität)(见图 11.10)、九屏幕思维(Neun-Fenster-Denken)、功能分析/建模(Gundlach 2006,Hentschel 2010)。

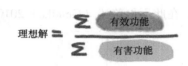

图 11.10 理想方程

1. 理想解

理想解:理想解是一种定性评估,它将系统的有用特性(产品、使用或服务)的总和与不良特性(包括成本)的总和进行比较。

以下几点会影响到理想解:
1)引入额外或更有优势的功能。
2)减少或删除有害的功能。
3)两种可能的组合。
4)大幅增加有用功能,略微增加有害特性。
5)小幅删减有用功能,从而大幅降低有害特性。

其目的是在头脑风暴中尽可能多地列举现有系统的有用和有害功能(特性),以此来明确它们与理想产品的差距有多大。这些信息会影响进一步的工作进展。

理想解及相关工具会对惯性心理带来巨大的挑战。想象一种产品能够自行实现所有功能或只提供有益的功能而不存在负面效应,这与大多数工程师的经验知识相矛盾(见图 11.11)。

2. 九屏幕

许多问题场景和出于技术系统的考虑经常"诱使"我们过多地关注细节或

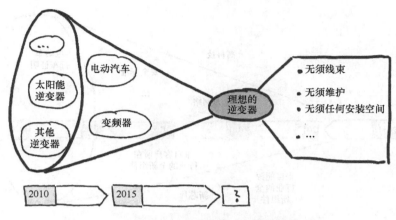

图 11.11　确定产品愿景——以理想为首要趋势

更高层次的关系,而忽略其他观点。九屏幕法［也称为多屏幕方法（Multi-Screen-Approach）］提供了一个模型,并支持在空间和时间维度上思考的视角,从而可以从整体出发做出全面的考虑。

其目的不仅是明确任务中所讨论的问题或系统及其当前情况,而且还要找到它们互相之间的因果关系。九屏幕法正是为此提供了一个系统的流程方案。

该基本模型是一个跨越三个字段的网格（见图 11.12）。水平方向上是超系统、系统和子系统（空间结构）;而竖直方向则代表对应空间结构的过去、现在和未来（时间方面）。

因此,九屏幕法从内容（空间）和时间两个维度拓宽了视野,让我们可以从九个不同的角度去观察每个系统。

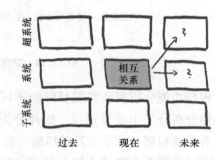

图 11.12　通过九屏幕法进行趋势评估

九屏幕模型的应用是通用的,它可用于估计未来的产品迭代,或通过流程分析导出作用域和解决方案,并演化出产品新的附加功能和服务（见图 11.13）。

3. 功能分析

功能分析是详细检查现有系统/产品功能的工具。它不适合开发全新的产品;但是,现在许多产品都是基于过去的产品/平台,因此它的应用空间还是相当大的。它能够支持产品改进、价值分析、功能裁剪（Trimming）及专利规避等。图 11.14 将为大家更好地展示这一点。

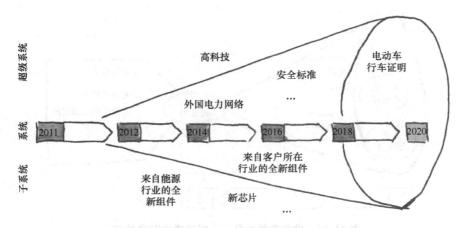

图 11.13　趋势分析——通过九屏幕模型进行微调

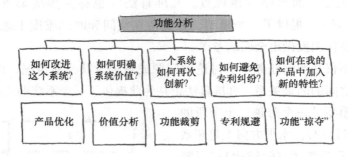

图 11.14　功能分析的应用场景

根据功能分析所要实现目标的不同，其主要步骤也会有所不同。产品优化的功能分析分三个步骤进行：组件分析、交互分析和功能建模。而在组件分析中，首先要根据技术系统及其环境（超系统）确定相关组件（零件）；随后的交互分析可识别各个组件之间的关系；第三步是图形功能建模，第二步识别到的交互关系被转换为功能（有用/有害），并以此创建模型。

通过价值分析（功能成本分析），我们能准确地呈现功能与成本之间的关系。某个组件的功能性由它引申出的全部功能决定（见图 11.15），而其中最重要的是有用功能的数量及重要性。

为了确定各个组件的功能，功能模型在价值分析过程中还可以扩展进行所谓的功能排序。某个功能越重要，它就越有可能出现在最终的产品中。

随后，我们将各组件集成到整体结构图中，以便进行差异化分析（见图 11.16）。x 轴表示成本（归一化处理，取值范围为 0~10）；而待分析的技术系统组件的功能性差异则体现在 y 轴上。根据组件在坐标系中的位置，会对其采取不同的处理方式。

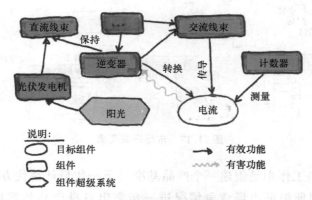

图 11.15 功能模型示意图（示例）

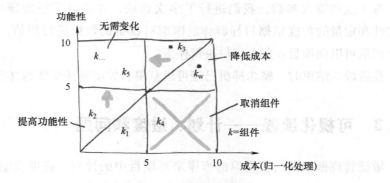

图 11.16 成本—功能性关系图

通过上述方法，我们能得到详细的功能成本。通过应用图 11.16 中的三种策略，即"降低成本""取消组件"和"提高功能性"，我们可以朝着理想方程（见图 11.10）的方向得到大量关于新逆变器概念的设计和技术细节。

4. 市场研究

为了获得市场反馈，除了制造样机（阶段 3），还需要进行市场研究。我们将在这一章节对所用的一些方法（Lunau 2013）进行简要描述，大致如图 11.17 所示。

首先从客户的角度创建消费链（生命周期路线图），再以此为基础对目标客户与产品之间可能出现的交互做出假设，并确定重点关注领域，以便在之后的一对一访谈或主要用户研讨会中基于最小可行产品（Ries 2014）检查客户需求。

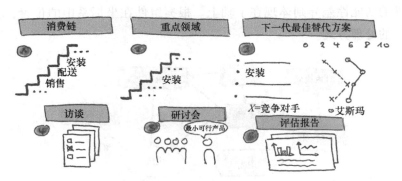

图 11.17　市场研究要素

更进一步的准备工作则是创建一个产品基准（下一代最佳替代方案，Next Best Alternative），以便根据市场竞争情况进一步突出自身产品与客户相关的潜力优势。

有了这些输入参数，我们进行了多次访谈，并举办了三次研讨会。随后，从定性和定量的角度根据目标群体、国家对收集的数据进行评估。根据这些评估，团队可以向项目发起人提供决策模板。

在阶段 3 结束时，概念样机已经可以获得有关市场接受度的真实反馈了。

11.3　可视化流程——计划、进度和问题

敏捷管理框架提供了简单的程序来对项目中的计划、进度及绩效进行可视化管理。其中包括：

1) 产品待办列表——明确定义的产品需求。

2) 会议形式——用于日常协调，并在短时间内定期、有针对性地进行项目进度反馈。

3) 报告工具——向团队快速展示他们的进度。

11.3.1　绩效指标

在经典项目管理中，人们习惯于使用各种报告工具或关键数据。而在上文所介绍的项目中，我们仅收集了两个关键数据作为"管理报告"。

为此我们使用了"冲刺交付表"，其清楚地列出了团队承诺交付的内容（成果及完成的定义）。之后将"冲刺交付表"的结果转换为"冲刺时间交付

表"(见图 11.18)。因此,每个冲刺的交付率都得到了可视化。交付率平均值为 50%~75% 的团队被认为是"合格"(Produktiv),而高于此值的团队则属于"高效"(Hochproduktiv)团队(Erretkamps 2016)。

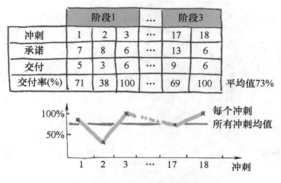

图 11.18　冲刺交付与承诺对比

在本项目中,最终结果略低于"高效"阈值。团队平均交付率达到了 73%,这对于采用这种工作方式的第一个项目来说已经非常令人满意了。同样,整个过程透明度很高,产品负责人团队和项目发起人始终清楚项目进度。

11.3.2　经验教训(Lesseons Learned)

由于敏捷方法对于艾斯玛来说是全新的,因此我们也应该评估"敏捷"工作方式带来的变化。在项目开始之前和结束时,公司就九项标准与团队进行了面谈,其中包括以客户为中心、可靠的交付、透明度、灵活性、有效性、承诺/责任感、合作/沟通、团队精神和纪律。评估以 10 分制进行,其中 10 分代表最佳。

整体而言,团队进步了约一分以上。最大的改进点是在以客户为中心、透明度、灵活性和承诺/责任感方面。团队精神和合作几乎没有任何变化,这是因为艾斯玛在经典产品开发项目中已经取得了很好的成果。

在项目结束时,该团队举办了一次经验教训研讨会(见图 11.19)。敏捷的组织框架、敏捷教练、完成的定义和个人责任等都被认为是非常积极的影响因素;在长期项目管理及较大工作包拆解管理方面还有很大的改进空间。此外,有人指出任务和开发责任人之间的关系应固定,产品负责人团队应该更接近开发团队。

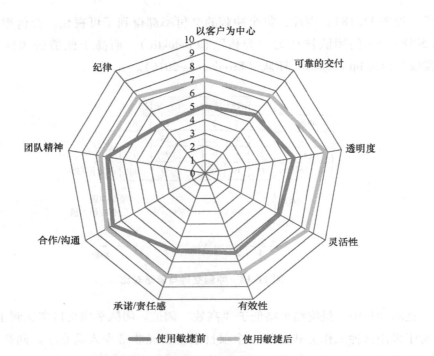

图 11.19 使用敏捷方法前后的自我评估

11.4 小结

该项目取得了圆满成功，团队"按时"实现了目标。同时，公司从这个试点项目中获得了以下宝贵发现：

这样一个创新项目的准备及员工的选择工作比最初预期的要久。为了能够一起合作，首先必须澄清组织事项，如参加部门会议、与上级协调、参加语言课程等。

此外，团队需要时间来找到彼此之间的节奏，并内化敏捷价值观，如承诺、勇气、自组织等，强烈的团队精神在项目过程中形成。很明显，跨学科的团队组成是独立构建全新逆变器概念的理想选择。后续加入的团队成员也能很快融入。团队成员与其日常业务的分离及可以在单独的建筑物中拥有工作室也为此做出了积极的贡献。

专业的外部支持可以帮助团队成员更快地度过学习曲线，并有力地支持在物理产品开发过程中引入敏捷方法。由于成员的迅速适应，他们可能会在阶段

1 结束时脱离这种帮助。敏捷方法的使用有助于提高项目状态的可识别性（在任何时刻）。透明度和真实性是该项目在每次演示中的重要"伙伴"。时间盒则能为会议提供关注重点和效率。在实践过程中我们能明显发现，回顾有助于持续改进。敏捷开发与其他创新方法相结合可以带来更大的惊喜，尤其是在复杂且瞬息万变的环境中（需要不同专家的协作）。

在项目开始时，产品愿景（Produktvision）被证明是不可或缺的。它为团队提供了方向，即确定了基本目标和任务。在这种情况下，产品负责人团队对产品（愿景）的责任感非常重要；另一个重点则是他们的团队资源可用性。他们应能够随时回答问题，并定期参加团队的日常会议。这意味着他们必须在项目中付出极大的努力。创新方法的使用能够帮助整个团队以更结构化和系统化的方式开辟新天地。

除了上述所有问题，确保管理层的支持也至关重要。发起人团队时刻以言行支持项目团队，帮助清除团队成员自己无法解决的障碍，并在团队要求时才会做出决定。但发起人团队绝不会干预项目管理的实际运营，这是产品负责人团队与开发团队合作的共同责任。而事实也证明，关于项目进展的许多决定都是在有具体信息的"现场"做出的。

同时，敏捷方法已被用于另一个更多关注软件开发的项目。公司所面临的新的特殊挑战是多个团队在同一个项目中进行敏捷工作。

参考文献

Bayer, D.: Scrum in der Hardware: Wie starte ich? Internet. Abgerufen: 01.10.2016. https://blog.borisgloger.com/2016/07/26/scrum-in-der-hardware-wie-starte-ich/.

Erretkamps, H.;Weigel, S.; Kettling, R.; Frey, R.: Nano Scrum – Physische Produkte schnell entwickeln. Digitale Fachbibliothek Symposion Publishing, 2016.

Fischer, D.; Herbst, M.: Die 6 Erfolgsfaktoren im Innovationsmanagement. Opportunity Fakten für Experten und Entscheider. Paderborn: Unity AG, 2016.

Gloger, B.: Scrum in der Hardware (Whitepaper). Internet. Abgerufen 01.10.2016: Boris Gloger, 2016.

Gloger, B.: Scrum. Produkt zuverlässig und schnell entwickeln. München: Carl Hanser Verlag 2013.

Gundlach, C.; Glanz, A.; Gutsche, J.: Die frühe Innovationsphase: Methoden und Strategien für die Vorentwicklung. Düsseldorf: Symposion Publishing, 2010.

Gundlach, C.; Nähler, H.: Innovation mit TRIZ: Konzepte, Werkzeuge, Praxisanwendungen. Düsseldorf: Symposion Publishing, 2006.

Gundlach, C.; Jochem, R.: Praxishandbuch Six Sigma: Fehler vermeiden, Prozesse verbessern, Kosten senken. 2. Auflage. Düsseldorf: Symposion Publishing, 2015.

Hentschel, C.; Gundlach, C.; Nähler, H.: TRIZ – Innovation mit System. München: Carl Hanser Verlag, 2010.

Keese, Ch.: Silicon Germany. München: Albrecht Knaus Verlag, 2016.

Keese, Ch.: Silicon Valley. München: Penguin Verlag, 2014.

Lunau, S. (Hrsg.): Design for Six Sigma + Lean Toolset. Mindset für erfolgreiche Innovationen. Wiesbaden: Springer, 2013.

Pichler, R.: The Product Canvas. Internet. Abgerufen: 01.10.2016. *http://www.romanpichler.com/tools/product-canvas/*.

Ries, E.: Lean Startup: Schnell, risikolos und erfolgreich Unternehmen gründen. München: Redline, 2014.

Schröder, A.: Das Agile-Unternehmen. F&E Manager Ausgabe 4/2016.

Smerlinski, M.; Stephan, M.; Gundlach, C.: Innovationsmanagement in hessischen Unternehmen. Eine empirische Untersuchung zur Praxis in klein- und mittelständischen Unternehmen. Diskussion Paper on Strategy and Innovation. Marburg: Philipps Universität Marburg 2009.

SPP GmbH: Kreativitätstechniken. Internet. Abgerufen: 02.11.2016: *http://www.innovations-wissen.de/index.php?id=84*.

Wolf, M.: Scrum in der Hardware: Praxisbericht von Fronius International, AVL List und Siemens. Internet. Abgerufen: 01.10.2016. *https://blog.borisgloger.com/2016/05/20/scrum-in-der-hardware-praxisbeispiele-fronius-international-avl-list-und-siemens/*.

第12章
从项目中使用 Scrum 到敏捷型公司

文：海因茨・于尔根・波洛克普，加布里埃尔・卜芬科
插图：丹尼斯・加布里埃尔（Denis Gabriel）

12.1 明日世界意味着生活得更灵活（见图12.1）

图12.1 迈向未来的一步：更短的响应时间和互相联网的产品需要新的工作方式

数字网络创造了新的机会，因此也带来了新的市场需求。在个人生活中，互联网已经提供了无与伦比的舒适感。购物、银行业务、价格比较、听音乐、下载视频等，这份清单无穷无尽，所有这些应用程序都已成为常态。因此更令人惊讶的是，我们的工业生产仍处于数字化最初阶段。这不仅可为员工的工作提供便利，更关乎公司的整体竞争力和盈利能力。工业4.0一词早在五年前的汉诺威工业博览会（2011年）上就已经提出。然而，真正的工业4.0迄今为止还没有完全进入工业领域，除了在一些大规模生产中的应用。

但是，我们普遍认为这一概念的潜伏期即将结束，一场真正的热潮正在酝酿，而且传播速度之快将是我们无法估计的。基于数字网络的解决方案可以实现巨大的生产力提升，尤其是在所有非增值管理活动中，这直接降低了生产成本。而且，这样的解决方案还能够更灵活、更快速地响应变化，客户也因此可以更快地享受到更多优势。

即使在今天，我们客户也期望着更短的响应时间，并一再提出进一步的要求：必须尽快报价；每个订单的订单量也都必须减少；应尽可能避免框架协议；在生产开始前不久仍可以进行更改等。那些无法满足这些需求的公司将在竞争中落后，当然通快公司也身处这一旋涡中央。

1. 面向未来的产品不能用昨天的思维方式开发

然而，为了实现工业4.0，仅搭建全新的基础设施并安装数字网络软件是远远不够的。新的机会就隐藏于我们的日常职业生活中。人们必须更快、更灵活地做出反应，并与其他部门建立良好的沟通网络，以便能够尽可能独立又全面地满足客户要求。这可能与过去的思维模式、组织架构及公司文化相冲突。

如今的工作思维已经形成了100多年（在多年的大规模生产过程中不断得到完善。这就产生了现有的等级职能架构）。主管人员对其领域负责，密切监控并拥有最终决策权。因为错误会产生很大的影响，为了尽可能提高效率，公司制定了管理规则和项目流程，以帮助员工"正确"地完成工作并避免错误。在这样的工业"世界"中，员工无法自己做出决定，在职业生涯中毫无独立性可言。虽然有机会提出改进的想法，但现实的实施过程通常是十分冗长的，因为必须先得到"上层"的批准。所有这些都阻碍了未来客户需求的实现，即在个别情况下必须快速自发地（即敏捷地）做出反应。

2. 拓宽视野：从物理机器到生产解决方案

90多年来，通快公司一直在机床业务领域发展，开发、销售机械加工机床及相关服务。公司的目标是使机器在拥有更高生产率的同时提高加工质量。此外在过去的30年里，"激光"这一技术在材料加工中的应用也为机床发展带来了全新的可能性。这些技术虽然刚刚起步，但通快一直领先于竞争对手，这也是因为它很早就决定了开发自己的激光器。然而，与钣金加工相关的技术现在已经非常成熟，所有的基本组件都可以从独立供应商处购买。越来越多的竞争对手正在进入市场，保持竞争优势变得越来越困难。

如今机床的加工速度如此之快，以至于实际加工前后的工艺时间逐渐成为关键，而且流程的中断对整体生产力的影响也越来越大。因此，一个系统化的解决方案便成了一个广阔的创新领域。

将来的理想情况是由一台机器完成整个生产过程。为了实现这一目标，必须从一开始就让新的专业学科参与到开发项目中来。以前主要是机械、电气、电子和软件领域，现在正在加入的有物流、信息技术和数据科学等。因此，开发项目在技术和人力上变得越来越复杂，很难用经典方法管控，或者需要更多的时间来管控。而更多的时间意味着在项目结束时，产品可能不再满足客户的要求，因为它们在此期间已经发生了变化。为了应对这种日益复杂的情况，通快决定开拓新的天地。

12.2 将敏捷思维融入项目

1. 基于敏捷思维方式的产品开发（见图12.2）

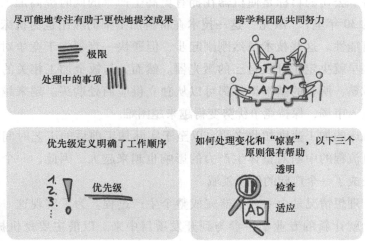

图12.2 基于敏捷思维方式的产品开发

如何才能掌握产品开发中的复杂性？2007年，第一批同事开始在软件开发过程中使用 Scrum。2008年，当一个大型软件项目开始改变其工作方式时，一些机械项目开发团队想知道这种方法是否也适合他们，于是便开始尝试。但在当时 Scrum 似乎无法起效，因为类似在每个冲刺之后交付可"执行"产品的想法对机械团队来说太难了。于是所有团队都得出了以下结论：与之前的方法相比，在团队会议、项目规划和资源协调上付出的巨大努力并没有带来对等的价值。

也许是这些项目不够复杂，因此新方法的附加价值还无法体现；也许需要来自外部的专业激励或细节指导才能真正运行 Scrum？最终，2014 年的 TruLaser Center 7030 试点项目为公司带来了这样的激励。

2. TruLaser Center 7030：跨学科、短计划周期、知识网络化

2016 年 10 月，世界上第一台全自动激光机——TruLaser Center 7030（见图 12.3）在世界领先的汉诺威国际金属板材加工技术展览会（EuroBLECH）上连续运行了五天。然而这个产品会是什么样子，以及它是否会起作用，这些问题在 2014 年 3 月甚至都没有得到解答。公司对于一些关键零部件的技术解决方案仍然是毫无头绪的，而设备的软件控制也需要全新的算法。

这个项目的计划时间（产品展示前）仅有两年半，很明显不能以经典的开发方法进行。为什么？成员们都隶属于各个子项目，每个领域独立的工作包都会持续数周。在这种组织架构中，如果最终的结果需要修改，那么整体的开发期限将会无限延长。此外，每个人都清楚，只有在功能原型的

图 12.3　敏捷制造：TruLaser Center 7030，具有极高创新度的大型项目

开发基础上获得必要的经验才能真正优化零部件。

该项目极其复杂，团队认为使用现有的项目管理工具无法保持状态同步和整体透明性：毕竟需要大约每年 300 人的努力才可能在两年半内取得成果。一支庞大的团队分散在多个地点工作，还各自必须与外部供应商密切合作。

在这种情况下，开发总经理结识了一位敏捷顾问，而且对方已经在非软件项目中拥有使用 Scrum 的经验。总经理聘请了这位顾问和另一位有类似经验的专家来到通快，这就是 Scrum 在通快机器开发领域的开端。

在随后为期五天的研讨会中，敏捷顾问、项目经理和开发团队合作制定了项目框架：角色定义、待办事项、冲刺周期及第一个冲刺看板。在第四天，开

发团队开始了第一次冲刺，其中包括了大家提前制定好的下周任务计划。这是一个取巧的方法，因为它不需要完整的项目待办事项，并允许团队快速启动。在第一个冲刺周期结束时，产品负责人、团队、敏捷主管和顾问进行了第一次回顾，讨论了有关可视化、冲刺流程和协作的优化问题。12 周后，阶段 1 结束（机身已订购）；又过了两个阶段后，原型机已能够完成基本的切割工作。

在引入敏捷的同时，项目管理办公室和 Synchro（通快内部精益部门）也同时关注着项目的进行状态，以便能够将成果应用到其他项目中。

我们从这个项目中学到了很多东西：
1）如何让 Scrum 适应机械（设计）项目。
2）这关乎思维方式和文化变革。
3）需要内部资源和外部专业支持才能更好地拓展敏捷应用。

3. 2D 激光机平台将使用敏捷方法

试点项目开始六个月后，另一个正在开发的重大项目也改变了其工作方式：分散在四个地点的 30 名开发人员基于汽车行业模型开发了 2D 激光机模块平台。

该项目的主要挑战是缺乏透明度：这位同事目前正在做什么？我的成果是否符合他们的要求？我们总体是否走在正轨上？还有：另一个地方的同事是谁？他究竟是怎样的一个人？TruLaser Center 7030 项目的出色表现促使开发主管们也在这个项目中进行了转换。

配置（Setting）：以前的模块经理、项目经理和开发经理创建了一个强大的项目负责人团队（PO 团队）。待办事项在一个任务处理系统中保持在线更新（Online），因此每个人都可以随时访问查询。每天进行两次跨地点的视频会议。每个冲刺结束时，团队自行组织总结回顾会议。长期以来，项目成员总是离线工作，并打印出任务的条目，而现在，项目计划直接在电脑系统中运行管理。

与转换前相比，相关工作人员见面的频率提高了，沟通也变得更密切。他们一起完成任务，成员间形成了很强的团队凝聚力，来自其他地方的同事不再感到孤立，并能够很好地融入团队。

决策不再由项目管理和开发管理人员做出，而是由团队在评审过程中公开讨论。这意味着每个人都可以参与其中，并且决策会得到每个人的支持。

并不是所有人都从一开始就喜欢这样的项目清晰度和责任感；大家也没有立即参与到评审回顾中去。对于项目管理及其他相关人员来说，这是一个值得学习的过程。

4. TruLaser Weld 5000：10 个月时间参加展会（见图 12.4）

敏捷开发本身非常适合快速呈现结果，这与"钣材生产中的激光焊接"部门的任务相吻合：十个月内，他们要在展会上展示一款经过显著改进的产品。最重要的要求：如何使激光焊接对小批量生产更具吸引力？

公司为了强化这一业务领域，已经创建了一个跨学科合作部门（理想的开发环境），将以前分布在开发、销售、服务和营销方面的员工聚集到了一起。该部门负责人从几年前就已经开始使用一些类似日常、计划看板的管理工具，并且一直对敏捷方法持开放的态度。

为了收集和了解对产品的要求，团队在项目开始前进行了客户拜访。这意味着参与项目的每个人都清楚真实客户的情况，并知道他们正在为谁开发。

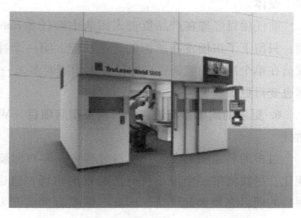

图 12.4 TruLaser Weld 5000 使激光焊接在小批量情况下也有很强的经济性

一支 15 人的团队，其规模属于完全可控的范围，整个团队也确实取得了不错的进展。TruLaser Weld 5000 是第一个有销售人员参与开发团队定期审查的项目，这一举措带来了很多的回报。一方面，来自用户服务方的反馈可以更早地进入概念阶段，而如果使用经典开发方法，服务方在原型阶段才能首次接触到产品；另一方面，与销售部门的积极合作能够促进产品在市场上的推出。

5. 高频发生器：基于制品限制（WIP-Limit）并专注于客户需求，迅速完成长期项目

三个敏捷原则确保项目进一步提速：明确面向客户利益（客户价值——Customer Value）；从最小的适销产品（最小可行产品，Minimum Viable Product）开始；并尽可能少地并行项目（限制正在进行的工作，Limit your Work in Progress）。

一支位于弗莱堡（Freiburg）的 Scrum 团队很好地证明了这一点，该团队开发了 TruPlasma RF 1003/3006——一种用于等离子体过程的高频发生器。该开发项目已经运行了六年，90%的基础工作都已经完成，并且规划了 12 种衍生产品。但它们何时上市却没有人清楚。2016 年 3 月，该项目开始使用敏捷方法，同年

8月就向市场推出了6款产品。他们是如何实现这一点的呢？

TruPlasma RF 1003/3006 团队中的敏捷教练、产品负责人和系统架构师首先共同提出了一个问题：是否真的需要12种产品变体？哪些是真正的客户？我们真正需要做些什么才能尽快将它们推向市场？这些问题的最终答案是只开发六个变体。

前任项目经理在产品负责人团队中担任 Scrum 主管。她严格削减了待办事项，只留下了市场发布所需的产品功能。第一个冲刺结束后，大家意识到团队成员在单个冲刺中能够完成的任务比预期要多。一个又一个冲刺，项目/冲刺计划也变得更加精确。

6. 更多的同事参与进来——网页重启项目（Web-Relaunch-Projects）中启用敏捷

过多的利益相关者？在项目过程中，客户的要求和技术解决方案不断发生变化？尽快将第一个最小可行产品推向市场？这也适用于我们，通快网页重启项目的项目经理如此认为。因此，该项目团队开发了自己的方法，该方法基于 Scrum 和机器开发的最佳实践。与"概念—规范—实施"等项目阶段的经典划分相比，能够更快地产生可见的成果。不断解决相互闭环的工作包，并审查其结果。因此，可以更好、更有目的地管理项目。这种动态和灵活的方法确保了专业部门和中央管理部门能在恰当的时间参与进来，甚至可以跨越国界。

这意味着重新思考——对于专业部门来说也是如此。例如，产品的详细信息页面是定义数据库结构要求的基础结果。持续交付等敏捷原则成为转换工作规划的模板，内容包括两周时间的工作包创建、分解和传递。Scrum 团队包括了通快的内部员工及另外两个外部子项目合作伙伴。围绕着敏捷团队，项目整体仍然保持着经典的结构，包括子项目和很多的研讨会，以对接其他内部的传统结构。这些结构有助于将利益相关者的需求及与内部供应商的协作转化为连续的开发待办事项，然后不断进行处理。

7. 平衡：我们在项目中取得的经验

"勇于开始、坚持不谢、拥抱变化"这一座右铭适用于 TruLaser Center 7030 试点项目，也适用于其他所有项目。

首先可以确定，敏捷方法的实施对项目会产生积极的影响，因为这些原则可靠地确保了更紧密的合作、更清晰的重点及更切合实际的项目计划。让所有的"障碍物"变得"透明"并尽快消除它们是我们的另一句格言。如果我们认真对待这些问题，就能够解决那些经常存在，且很长时间一直被忽视的问题。

我们的经验表明，完全无须因为害怕而选择一个无关紧要的小项目开始。相反，如果它是一个需要推动的重要项目，则它需要一定的帮助来推动。一定注意：当你开始时，就要决定把它做到最好！敏捷不能解决所有的问题，但它可以使它们的透明性提高。现在的项目成员会在每个冲刺中都清楚地感受到过去项目中缺乏的相关专业能力或陷入决策困境等问题。

团队或项目环境中的冲突也会被摆上桌面；比经典项目管理更快、更可靠，因为你无法再在"狭窄"的通信网络中相互"踢皮球"。

归根结底，建立稳定开发框架的不是方法本身，而是对其背后原则和价值观的理解。迭代思考而不是线性开发；将错误理解为学习机会而不是惩罚；经理现在负责消除"障碍"，而不再与团队商讨详细的解决方案。此外，公司还需要建立起一整套专业的后台支持系统。

12.3　从订单采购团队到产品待办类别——成熟的项目元素

通快在第二次进行 TruLaser Center 7030 项目时才真正将敏捷性带入机器开发项目。之前的第一次尝试仅部分使用了该框架，因此也没有取得期待的效果。今天我们做得更好。以下要素都证明了它们的价值。

1. 角色全映射

产品负责人、开发团队和敏捷大师形成了一个连贯的系统。"优先级是怎样的？我们该做什么？"（产品负责人），"我们该怎么做？"（团队），"我们如何才能有效地完成任务，是什么阻碍了我们？"（敏捷大师），这些都是塑造角色的核心问题。我们通常将产品负责人的角色转换为由几个人组成的团队，因为我们无法在短时间内改变项目的边界结构。其目的是让了解客户观点的同事和技术专家能汇集到一起，并确保接受决策的人员也同时参与了进来。

在任何情况下，项目都需要敏捷大师这一角色。他需要内部支持来保证所有参与者的信息同步，为此他还需要项目调整的空间，或者相关直线经理的认可。引入敏捷的过程中还应考虑经典架构汇报线的层次结构关系：是否存在"危险"角色？如，产品负责人是否同时是项目经理和部门负责人？那么这就会带来很大的风险，因为这些角色定义意味着不健康的组织架构关系。

除了 Scrum 方面的专业知识，角色定义还需要来自组织发展的系统知识。项目内外的参与者之间有哪些相互作用？如果有可能，应在逻辑上系统地填补角色，这有助于基于 Scrum 采取下一步的行动。它使敏捷入门更容易，因为项目本身无须重新开始。

2. 四项计划工具：里程碑计划、产品待办事项、冲刺待办事项、阻碍事项

Scrum 为项目规划带来了新的工具。过去基于经典产品开发流程的项目计划和规范如何与 Scrum 工具兼容？研发项目通常使用产品开发过程方法的里程碑和规范来构建项目框架。例如，通快的新机器研发包含八个阶段和里程碑。此外，还有许多的其他中间里程碑表示项目中的子流程或同步点。我们将选择继续使用这种整体视图作为项目进行的粗略指导。

产品待办事项是一份更具体的研发计划。除了优先级列表，图形表单已经在公司内部证明了自己。子项目/子团队的交付物逐行排序，并根据各个冲刺绘制。借助这个时间结果矩阵，中期计划得到了可视化：每 12 周，团队将呈现一个新的阶段性结果，并以此为基础确定所有子团队下一阶段的目标和冲刺目标。通过这种方式，整体可以同步交付结果并讨论依赖关系。

在冲刺中，我们通常通过冲刺待办事项和阻碍事项的可视化来管控具体任务。离线则使用便利贴；在线则使用公司的任务管理系统。

3. 只有亲身体验，才能真正学会敏捷

为了快速将理论转换为实际，有趣的模拟实验成了公司开始阶段的重要组成部分。例如，球点游戏（Ball-Point-Game）或乐高玩具模拟游戏。项目小组在球点游戏中分成不同的队伍，他们的任务是在符合某些规则的前提下传递尽可能多的纸球。而在乐高模拟游戏中，团队则需要在四个冲刺中搭建某个结构，并且在每个冲刺中完成部分功能。这一游戏过程可以测试大家的角色和整体的流程。团队互动方式和"手势"也可以在此处介绍，如竖起大拇指意味同意，并确定团队接受某一决定的原则是所有人都拇指向上。

在入门研讨会之后，团队开始了第一次真正的冲刺之旅。直接开始行动，并在每次冲刺结束时花一些时间进行反思，我们学到了什么？什么是重要的？哪些方面进展顺利，我们应该继续保持？哪些又需要改变？工作方式的变化意味着"对抗"自己过去的行为方式和思维模式。而在团队级别上，这些变化是非常明显的。因此，反思过程中不仅要注意大家的外在表现，也更需要关注团队成员的情绪和反应。

12.4 如何让敏捷运作起来？

敏捷方法是值得引入的吗？我该怎么做？我要如何传播这个话题（见图 12.5）？

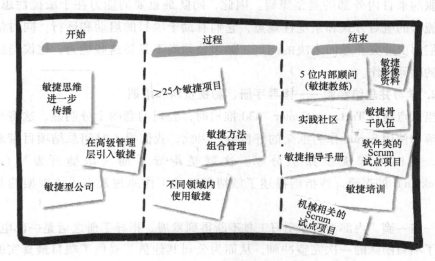

图 12.5　一个出色的试点项目可以有效地引入敏捷

首先，我们需要一个理由开始。大多数情况都始于一个似乎无法通过经典方法实现的项目。当产品技术要求复杂、市场需求变化迅速，或是研发工作需要来自不同部门成员的合作，敏捷能够在此类复杂的情况下发挥最大的作用。而这也是尝试一些新事物的起点。

另一个理由存在于组织架构和企业文化方面：在有着强烈泰勒主义色彩的机械工业领域，既定管理系统不再能够从已有的知识网络中创建新事物。为此我们需要开发新的合作模式，相关的资料信息正在呈指数级增长，诸如"Augenhöhe"的电影让许多经理和员工不禁自问：哪些架构能更好地发挥员工的潜力？如何能够形成以开放性、个人责任、信任等价值观为基础的工作生活？

无论是谁：一开始都需要一位具有足够影响力和行动权限的经理。

1. 带领试点项目走向成功

一旦决定以敏捷的方式建立一个项目，那么保证敏捷基本框架的正确性和完整性是很重要的：明确所有 Scrum 角色、决定项目待办事项、冲刺/产品待办事项、阻碍事项及冲刺周期。

为了指导团队进行敏捷工作，我们预估在 12~18 周的时间内需要 10~20 个内部顾问日。这包括准备性会谈、前三个冲刺及第一阶段。在此期间，大多数团队都取得了很大的进步，他们能够基于敏捷框架，与敏捷大师一起将敏捷精神转换为实际开发成果。

第一个敏捷项目引起了诸多关注："你们究竟在做什么？"，并展示了团队必须克服的来自内外部的典型障碍。因此，团队最重要的能力在于敏捷性思维、变更流程的应对方式和系统性观点，它们有助于项目的启动和运行，同时帮助成员们解决冲突和悬而未决的问题。如果公司尚不具备这些能力，建议与经验丰富的顾问合作。

2. 学习并总结经验——指导手册、影视资料和培训

当试点项目 TruLaser Center 7030 推出时，公司的意图十分明显，这将是我们理解和使用 Scrum 作为框架的好机会。因此，我们投入时间总结项目带来的经验，并向内部提供知识分享。这就是指导手册《敏捷开发》（Agil Entwickeln）的来源，该指南描述了敏捷框架的工作原理及引入该框架的基本流程。

一点一滴，内部沟通和学习工具不断得到发展。指导手册之后是一部电影，记录了项目团队的一次完整冲刺，从而为公司其他员工提供了项目最真实的印象。与此同时，我们还为员工和经理开设了内部培训课程，以便在公司中传达相同的信息：项目管理中的敏捷方法、产品负责人和 Scrum 主管的认证培训及管理层研讨会，这一切都意味着工作方法及领导文化的转变。

3. 知识积累——在内部建立专业咨询能力：敏捷教练

在专业的支持下，团队可以更快地开始工作。我们有过多次这样的经历。这就是为什么现在通快有很多人作为敏捷教练陪伴团队。他们是内部顾问，办公地点通常位于总部，因此能更便捷地和集团其他工作地点的成员沟通。此外，中央研发部项目管理办公室和同步咨询团队（内部精益咨询，Interne-Lean-Beratung）紧密合作，在公司内部传播上述主题。

内部咨询在两个方面得到回报：通过在内部指导项目，我们了解很多参与人员的关注点及敏捷方法本身的知识；此外，公司的敏捷特性也拥有了统一的标签。

4. Roll-in 而不是 Roll-out

那么如何让其他项目也参与进来呢？在通快，自愿一直都是第一原则，不会有任何的强迫。如果你有兴趣入门，那么你就可以开始。我们在开发经理会议和公司网站等内部平台上展示了敏捷的思维方式和方法，并在各个部门举办了介绍会议。我们可以清晰地感觉到大家对该主题日益增长的兴趣。

Roll-in 而不是 Roll-out 的思想遵循了变革管理专家约翰·科特（JohnKotter 2015）的建议。他曾在书中写道，人们自愿开始的变化比被强迫改变的情况要高效得多。这条道路非常适合强调自我责任和承诺的敏捷方法。

5. 敏捷骨干团队（Agile-Backbone）的关键

敏捷骨干队伍成立于 2014 年，由来自项目管理办公室和 Synchro 咨询团队的三人组成。它构成了公司中有关敏捷的问题和疑虑的中心联系点，每周举行一次会议，有自己明确的待办工作，并定期告知管理层状态。

哪些团队想要引入敏捷，需要哪个教练接管？下一次敏捷社区会议何时举行？是否需要调整新的会议日期或引入新的网络工具让参与者拥有更好的参与体验？我们需要与其他公司进行哪些经验交流，哪些不行？敏捷骨干团队会讨论这些问题。

6. 相互学习——Scrum 敏捷社区和平台

对于 Scrum/敏捷大师、产品负责人、敏捷教练，简而言之，所有敏捷从业者，都有一个所谓的实践社区用于相互知识交流。除了每年两次的线下会议，还有一个在线平台供大家交流信息。

在线下会议中，敏捷骨干成员会首先通报上次会议以来通快内部的敏捷发展状况，之后会介绍新的开放空间、讲座和交流会等形式的学习机会。其他参与者会从敏捷骨干团队提供的主题中获得新的激励和工作任务。

7. 迭代

采用敏捷的思维方式和方法是一项极其复杂的任务。因此，我们还建议为此采用迭代的方法。敏捷骨干团队每年都与已经使用敏捷方法的项目（部门）经理组织四次会议。本着敏捷周期的精神，他们将共同回顾自上次会议以来所做的工作。之后，经理们则会设定下一阶段的优先级，敏捷骨干团队则相应地调整其待办工作。

12.5 需要克服哪些障碍？

敏捷将"动态特性"带入团队，伴随而来的自然是"摩擦效应"。以下将介绍我们所遇到的阻碍，以及它们是如何被消除的（见图 12.6）。

1. 敏捷必须由内而外发展

"许多会议会花费很多不必要的时间。""我仍然想知道为什么我应该把所有内容都写在便利贴上。""我的领导在冲刺中改变了任务优先级。"我们经常在转换过程中听到这样的陈述。因此，打开一本书并严格遵循其中介绍的方法是远远不够的。从思维方式上根本地实现敏捷十分重要，这意味着体验并内化了潜在的价值观和原则。另外，这一点也适用于顾问：那些纯粹按照教条工作的人

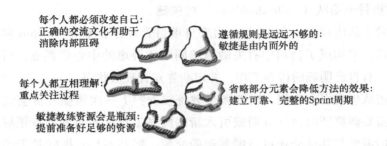

图 12.6　五个典型的敏捷障碍及可以采取的措施

很难赢得团队的信任。那些了解敏捷思维和行动模式并亲身体验的人可以更有说服力地呈现敏捷方法（见图 12.7）。

图 12.7　敏捷在那些已经内化原则并相信这些原则的人身上取得了成功

因此，树立敏捷的榜样非常重要。理想情况下，需要有跨角色和领导层次结构的榜样，他们需要根据敏捷原则回答总经理的问题。举例来说，他应该在经理发表意见之前就直接要求在冲刺中仅计划 80% 的可用产能，即使公司习惯于计划 120%。

这就是为什么我们十分重视团队发展过程中的"陪伴"。我们在最初的研讨会上传授了相关知识，并提供来自项目模拟的初步经验，而团队则需要自行负责逐步调整和设计适合它们的敏捷框架。

2. 同步及处理待办工作的时间平衡

另一个典型的障碍可以从这样的问题中看出："为什么我们需要这么多会议？以前是这样的……"或"我参与了五个项目，如果每个项目都变得敏捷，我就无法再开始工作了。"

通快的敏捷开发基于 Scrum 框架。这个框架初看似乎非常复杂，日报的数量和长度及回顾本身就常常受到质疑。我们的经验是：如果希望 Scrum 真正产生积极的影响，那么在每个冲刺周期内必须完成所有的"敏捷"事件。这些事件（工作）提供了一个稳定的结构来定义任务优先级、明确有效的计划、保证冲刺期间的同步工作及总结取得的成就。

对于每个项目，建立一个完整的冲刺周期非常重要（见图 12.8）。当然，每周 2~3 次的站会（不是五次）就足够了，但绝不能完全省略。即使是简短的回顾也比完全不做要好很多。

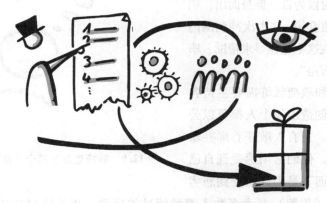

图 12.8　冲刺周期必须完整存在才能实现其全部优势

但是 Scrum 真的比之前经典的协调管理更复杂吗？某一团队保留了他们的时间日志，我们从中发现事实恰恰相反，花在计划和协调上的时间更少了。会议现在完全和日历中的内容吻合，而过去更多的时间浪费在了"隐形"的个人谈话中。冲刺提供了一个框架，让团队成员们可以集中精力共同更好合作。这远比非结构化的会议更有效。

过多的精力浪费在了计划和协调上，这是那些在多个项目中工作的人挂在嘴边的口头禅。在多任务并行且能力（资源）不足的情况下，我们应该首先思考是否可以减少任务数量。每个人都知道，三个人投入 100%的精力比六个人投入 50%或 12 个人投入 25%效果好很多。敏捷原则要求向纯粹的项目组织方向思考，而不是矩阵组织。

3. 内部阻碍

我们的社会和培训系统侧重于个人绩效/评估，公司系统自然也不会例外。而在敏捷项目中，个人的卓越表现需要在与他人的互动中体现，重点是合作（见图 12.9）！对于大多数人来说，这在许多方面都与我们习惯的行为相反；

然而，它完全符合人类的基本需求。

对于那些对错误认知仍停留在"绩效考核较低"或"得到较少领导认可"的人来说，对心灵的呼吁并不足以改变他们的行为方式。

经常听到这样的发言："我是一名开发人员，但现在我却一直在开会。"或者"如果我没有完成任务，我会得到糟糕的绩效评估吗？"我们也不习惯在负荷过大的时候为自己挺身而出，相反地，我们常常会说："本次冲刺的内容太多了，但我这不是在寻求帮助，毕竟车到山前必有路"。

敏捷大师和敏捷教练需要主持各类活动，从而创造出每个人都可以公开交流的氛围。当有人敞开心扉并希望解决问题时，他们必须感受到自己得到了支持，而不是因此而受到恶劣

图 12.9　敏捷也意味着个人层面的改变

的对待。羞耻（丢脸）是大多数人都经历过的感觉。相关情况会在记忆中被归类为不愉快，因此我们会主动地避免类似的情况出现。

好消息是：我们不断在经验中学习，新的经验覆盖了大脑中的旧模式。这意味着共同解决的每个问题都会使团队向前迈进一步。

4．"没有敏捷大师也可以完成"

在整个团队中，Scrum 或敏捷大师的任务可能是最被低估的，无论是对角色的要求还是最终带来的帮助方面。这可以从以下几个问题中看出："敏捷大师提供了什么真实的成果？"，或者"他是产品负责人的助手吗？"，亦或是"我应该如何衡量对这种能力的投资是否值得？"，还有"主持人、秘书、组织者？敏捷大师到底在做什么？"。

基本原则如下：如果没有敏捷大师或他们的时间资源较少，那么他们的工作就会落在产品负责人（团队）或项目相关的高管身上。究竟是什么工作呢？首先，组织和主持活动，但最重要的是暴露"障碍"并解决它们。敏捷大师确保了敏捷方法正得到有效的实施，且有进一步的发展。他通过遵守会议时间（时间盒）来确保效率，并为团队发展做出了很大贡献。

每个团队都有一位全职的敏捷大师指导也许确实是一个过于苛刻的要求，

并不是每个公司都愿意这么做。我们的经验表明，每个团队每周需要敏捷大师的支持为 1.5~2 天，因此一位敏捷大师可以同时参与 2~3 个项目或团队。

5. 敏捷文化冲击

"为什么我不能设定更多的优先级?! 我可是开发主管！""团队成员都还很年轻。我应该相信他们能找到正确的解决方案吗？"。任何引入敏捷的模式都与之前的企业文化完全不同，因为敏捷的基本原则与经典管理方法不同（见图 12.10）。

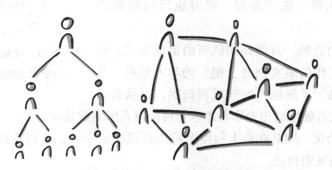

图 12.10　从金字塔到网格模式的切换

这些原则都写在了敏捷宣言中。例如，个性化和互动比严格遵守流程更重要。在 Scrum 框架中，产品负责人优先考虑待办事项列表，而不是直线经理。只有当成员们被允许主动行动时，自我责任感才会出现。

那我们应该怎么做呢？在模式转换的准备阶段，相关的管理人员应该了解项目中应用的敏捷原则和方法。有哪些角色？他们的任务是什么？球点游戏或乐高游戏等模拟有助于了解工作方式的改变并对其进行反思。在转换过程中，项目和部门之间接口的"摩擦"会暴露出来，此时应该主动地解决它们，而不是忽略它们。经验丰富的内部顾问或敏捷大师可以帮助解决这个问题。

当项目切换到敏捷开发方式时，它会自动影响周围的其他组织。因此，内部教练和敏捷大师还需要拥有系统化组织发展的知识。

12.6　敏捷改变领导方式（见图 12.11）

如今，许多员工都说："我再也不想以之前的方式工作了。"多方面因素促成了这一点：

（1）透明性　看到自己的整体贡献：到目前为止，员工们经常与固定的任务绑定，如某位组件专家，他基本无法轻易摆脱这一角色。然后，工作也变得越来越例行公事。没有新的挑战，工作与整个产品的连接丢失。在敏捷团队中，我们可以在计划和审查中再次看到这种联系。此外，专家们还可以将自己的知识和技能贡献给新的主题和其他团队。在这样做的过程中，他们总是会重新感受到自己的价值并体验到认可。这很有趣，同时也可以增强自信心。

图 12.11 使敏捷工作如此有吸引力的四个要素

（2）跨功能域 这将是团队新的组成方式。不同部门协同工作的事实创造了很好的学习效果。你可以看到全局，了解他人的问题和疑惑，再从自己的角度出发也许能够给出专家在思考中可能没有想到的建议。

（3）自动化 团队在很大程度上可以自己决定一切。他们承担责任，因此也可以更好地证明自己。

（4）可变通 大家共同商定任务分配。没有人必须承担可能压倒他们的内容。但每个人都可以看到其他人是如何找到解决方案的，然后也许下次他们能敢于做更多的事情。

1. 新组织架构为敏捷团队创造了先决条件

最初，我们基于以前的组织架构中实现了 Scrum，并打算继续这样做。然而，这导致了角色冲突。如果产品负责人本身是团队或部门的领导，那么团队成员可能很难在讨论中畅所欲言。毕竟，他可能会因此而在绩效考核中得到低分。到目前为止，以下适用于通快：每一条功能线都具有独立的技术管理。而这也就是将技术决策移交给团队的挑战所在。

多个重复角色会产生摩擦点和冲突。最终，解决这个问题的办法是调整组织架构。我们首先在软件开发的试点项目中实施：技术管理与人事管理分开（见图 12.12）。

管理经验：我最近来到我们的实验室，看到一位装配工人在制作开发原型机。如果我是他的话，可能会有不同的操作，因此我打算给他一些建议。这通常会导致不确定性，因为你不能简单地忽视上级的建议，即使它可能与原本的计划完全不同。而此时，对方的答案是："这是我们在上一个冲刺中决定的方案。我还有一个星期，相信我，我能搞定它。"这向我表明，"我们"已经共同走了很长一段路了。

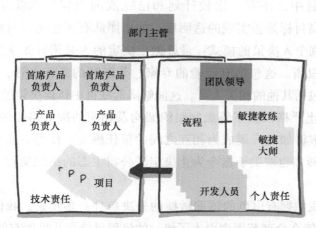

图 12.12　部门层面的首个敏捷架构：技术责任和个人责任分开

Scrum 团队的技术内容由产品负责人管理。现在，所有开发人员的纪律领导都由一名员工负责。他可以完全专注于此，将员工派往合适的项目，观察他们的工作，并支持每个人进一步的职业发展。例如，某人是否必须成为团队合作者，或是可以更进一步地加深他的专业知识？当一个好的开发人员为了他的职业生涯而承担某些管理任务时，这些问题经常被忽视。他甚至可能只是偶然完成了一些并没有分配给他的管理工作。

2. 相信自己、承担责任，更快地做出决定

如果能够授权员工在需要时独立做出决策，公司就会变得更快、更灵活，并且可以更好地满足未来的需求。管理者可以从细节问题中抽离出来，转而更专注于战略问题。复杂决策由跨学科团队共同做出，因此也会更有效。

直到现在，每个人都"听命"于各自的主管，不得不等待对方的决定，毕竟责任也由他承担，但其实许多决策可以在团队中做出。一些文献中进行了许多比较分析，它们认为人们在私人生活中有更多的回旋余地，并且能做到独立行事和自我激励，而这些机会也应该在公司中使用。然而，我们还要保证风险的可控性，因为错误决定所带来的影响远比在私人生活中要大得多。

那么，员工个人的决策能走多远呢？经理通常会承担这一责任，因为他已在类似的情况下取得了成功的经验。这对双方来说都是一个挑战：对于员工（对自己的决定负责）来说，这可能会导致恐惧并意味着额外的负担；对于主管（创造自由空间）来说，他则必须退后一步。随着时间的流逝，作为一名经理，你必须培养一种感觉，知道何时何地必须跟进及你可以信任谁。

在敏捷项目中，评审（比较计划和已完成的内容）和演示（结果的呈现）有助于提高目标是否实现的透明度。如果团队有无法达成目标的风险，则可以切换到咨询个人决策的模式：最终做出决定的人必须首先从多个角度获得建议，并做出权衡。这包括有经验的专家、受影响的人、主管、自己的团队，如有必要，还包括其他的相关人员。这能够降低项目中错误决策的风险。

在迄今为止严格依赖于等级制组织架构及相应的决策路径的企业文化中，对新角色的理解将如何发展成为相互之间的信任感呢？作为一家公司，能否成功向"敏捷"转型也取决于迄今为止决定了公司生态的组织架构、价值观和行为准则。

在通快，我们拥有出色的适配敏捷的先决条件：多年来，我们通过自己的Synchro生产系统在全球范围内引入了统一的流程思维。几乎所有的开发、管理，我们都会确定其流程，对相关人员进行培训，并确保在执行阶段的合规性。虽然这让我们一开始变得僵化，但它创造了一个基本秩序，而这也成了我们今天的方向（见图12.13）。有了这个坚实的基础，我们就更容易放手改革了。因为每个员工都清楚地知道自己的行为准则和职责所在，因此当他们为了客户利益而独立地偏离现有流程时，他们可以更容易地评估自己所承担的风险。

3. 我们的临时结论

现在让通快来评估敏捷还为时过早。但从临时结论的意义上说：在过去的两年里，这个话题在公司得到了很好的反响。我们现在正脱离单独的项目，通过战略计划将敏捷更广泛地引入公司。

是什么激励我们这样做？敏捷型公司能够快速灵活地做出反应，掌握复杂性并有效地推进项目。这些是在未来网络世界中保持竞争力的先决条件，它要求公司的产品和服务更具有个性化。

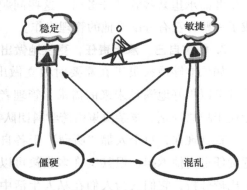

图12.13 更灵活的两大条件：稳定和敏捷

敏捷最终会带来文化的变革。它让员工拥有更多的自主权，使他们能够在可能的范围内自己做出决定，这还包括为了客户利益而偏离既定模式。为了开始并塑造这种变化，需要信念、勇气和正确评估情况的能力，当然还需要更多的相互信任。

项目工作中的敏捷方法是进行初次体验的合适方法。所有参与者共同追逐同一个目标，并更有效地实现它，大家的自信心都在敏捷团队中不断成长。此外，管理层也在敏捷方法的引入过程中"练习"了"放手"，即尝试了如何交出决策权。

　　在敏捷架构中，管理人员不再是每日业务中的最后一道关卡。相反，他们通过创造良好的边界条件、提供发展空间和消除工作障碍等来为自己的员工服务。公司员工们在跨部门团队中共同努力实现公司目标，而不是以小单位去优化自己。

　　很多人在这种较大的自主权中看到了更高的风险。一种基于组织架构和面向价值流程的基本制度会对有助于保持这种危险的可控性。它们能明确行动方向，即使是在和计划出现偏差的情况下。最后，最重要的是要在灵活性和秩序之间找到平衡。只有这样，敏捷才能真正取得成功。

参考文献

Manifesto for Agile Software Development 2001, www.agile-manifesto.org, zugegriffen am 29.11.2016.

Kotter, J. P.: Accelerate (XLR8), S. 95–96, Verlag Franz Vahlen GmbH, München 2015.

第13章
敏捷创新——西门子医疗绩效系统的核心要素

沃尔特·马岑多夫

13.1 引言

如今几乎没有公司不考虑"敏捷"。创新的速度在不断提高，如果一家公司想成为行业龙头，那么敏捷就是他参加激烈国际竞争的一张"入场券"。不仅是单个公司，整个行业都在短时间内发生了根本性的变化（布林约尔松⊖2014）。苹果手机的首次发布就在短短十年前！敏捷性对西门子医疗意味着什么？如何理解和实现它呢？如何做到敏捷工作？产品开发过程相关的"敏捷"一词首次"亮相"于2001年的《敏捷开发宣言》（Beck 2001）。其基本思想在更早的15年间不断发展，如"精益管理"（Lean Management，Womack 1996）"并发工程"（Concurrent Engineering，Clausing 1994）"Scrum"（Nonanka 1986）及"极限编程"（Extrme Programming，Beck 2000）。它们拥有重合的中心思想，如明确的客户利益导向，工作的去层级化，固定的组织架构向灵活的项目结构转变，以及员工个人的责任提升。20世纪90年代中期以来，西门子医疗已经成功应用了许多这样的方法。西门子公司于1998年开启了一项Top+计划（Siemens 2006）为公司各个领域的新方法的尝试提供内部支持和建议。生产设施的精益管理在公司内已有20多年的历史了。价值流分析（Werstromanalyse）、看板（Kanban）、目视管理（visuelles Management）及部分自治小组（teilautonome Gruppen）等也都已经刻入了公司的DNA。自20世纪90年代中期以来，并行工程也在产品开发中积累了许多良好的经验。跨职能项目团队创造了许多成功的产品系列。在软件开发领域中，Scrum团队和以待办事项为导向的敏捷开发模型已成为公司内部的标准。与此同时还必须指出，与产品开发的生产领域相比，单个项目的成功很难延续到整个公司的可持续化发展中。因此一段时间以来，公司内部一直有这样的声音，我们应该如何向高效的学习型公司迈出明确的第一步，保证在单个项目中积累的新经验可以在整体公司中"扎根"（Towering of Competence，PetersT.）。

最终，管理团队大约在两年前开始了一项新计划，将现有成功的精益管理实践汇聚形成一套公司的整体系统，以创造可持续的优势。从这个意义上讲，敏捷创新应被理解为西门子医疗整体绩效系统（HPS）中的全面精益管理系统的核心支柱。

⊖ 埃里克·布林约尔松，美国学者，作家和发明家。

接下来首先简要介绍医疗市场环境和西门子 HPS，然后对公司创新过程中所选定的成功因素进行详细讨论。

13.2 健康 ——一个极具吸引力的未来市场

健康是当今所有发达国家最大的经济命脉之一。预期寿命的增加会改变年龄金字塔，并要求对众多慢性病患者进行长期护理，这些人受到糖尿病、心血管疾病或神经退行性疾病的困扰，不得不忍受多年的痛苦直到生命终结。现代科技在解决这些问题时做出了很好的贡献，正确的应用不仅可以改进治疗质量，还可以提高医疗保健的成本效率。另一方面，发展中国家同样正在为其人民争取更好的基本医疗保健。对于行业而言，其关键在于如何快速开发操作简单、管理性强且经济实惠的解决方案，同时保证它们在日常困难的环境条件下可靠地完成工作。健康市场的规模、增长潜力和韧性都对企业家有着极大的吸引力。

140 年来，西门子医疗一直是医疗技术领域的可持续创新领导者。在这悠久的历史过程中，公司开创性的产品多次成为医疗技术领域内的里程碑，并且不失创新者之心，不断努力进取（Siemens 2006）。

医疗保健领域内的上述趋势推动了市场的深刻变化。在发达国家，医疗保健是基于明确的供应标准、专业的流程管理和透明的质量控制来进行工业化发展的。在根据工业原则提供医疗服务的公司中，大家所熟知的"医学艺术"正逐渐向基于质量和效率管控的常规流程转变（Porter 2006）。并行且极具动态特性的信息技术也正在不断增强上述趋势。在医疗保健领先的国家及相关公司（包括医疗器械供应商），大家正高举"大数据"或"人口健康数据"等旗帜，系统地收集数据，并通过人工智能方法的支持将这些数据转换成当前诊断和治疗决策的持续优化方案。总的来说，这些变化为敏捷型医疗技术公司提供了极好的发展机会。只有能够提供最快、最可靠的创新解决方案的公司，以及具有可持续竞争优势的服务提供商才能长期保持行业内的领导地位。而创新管理就是这一切的基本先决条件。

13.3 创新策略是业务战略不可或缺的一部分

系统的战略制定及具体实施是每个公司成功的核心因素。作为西门子股份公司（Siemens 2016）的独立管理业务，西门子医疗决定开发和实施一套新的整体精益管理系统 HPS。它涵盖了从战略制定到运营实施，从长期到短期的统一总体框架。经过多年的生产精益管理及在产品开发中有选择性地使用精益管理方法，公司已经收获了非常积极的经验。而现在是时候对其开展进一步的提升了。

HPS 的核心组成部分是方针管理方法（Hoshin Kanri），它最初源自日本，原意为指南针管理（Hutchins 2008）。在员工的高度参与下，方针管理流程系统且透明地将公司的战略目标与各级运营实施计划联系起来。由于高度的透明度和对目标的良好理解，每个员工都能够更好地为成功做出自己的贡献。然而，从经典的严格层级化架构转变为精益管理，需要在公司所有单元和层级中持续改变原本的行为模式，其中一些甚至已经实践了几十年。

HPS 的四个核心要素为战略制定和目标、运营实施、方法理论（学习）及员工和领导文化（见图 13.1），它建立在经过验证的精益管理方法之上（Liker 2004）。各个层面的战略方向，特别是在创新领域，都是结合方针管理方法一起制定的。价值流分析、A3 问题分析、可视化管理和站会文化正日益成为联合工作的标准。典型的经理角色（发布指令）正逐渐成为员工和项目团队的"教练"。他们会给出总体方向和目标，但不会提供细节的解决方案。

图 13.1　西门子医疗 HPS 的核心要素

我们绝不能低估这种深刻的文化变革带来的挑战和困难，它需要所有管理层的高度关注！根据以往的经验，做到以下几点会是一个很好的起点：系统性的、密切的员工沟通；请经验丰富的专业人士进行宣贯推广；有针对性地选择不同层次的试点项目，让员工可以在实践中进行短周期学习。为了产生可持续的影响，这些举措必须涉及公司的各个层面。如果精益计划只在基层运行，高层管理人员继续像以前一样工作，或者在没有充分准备的情况下试图进行自上而下地"规定性"变革，便不会取得成功。当然，这种变化需要时间！

引入精益业务系统的动机是一个非常有趣的方面，这也是员工沟通过程中的重点话题。精益管理的核心目标是持续改进客户价值的产生，同时持续消除非创造客户价值的活动。将精益管理误解为一种简单的成本节约方法，会导致失败。

西门子医疗意识到适当的目标文化有助于成功引入 HPS，因此在密集的团队合作中明确了所需项目文化的核心要素（见图 13.2）。各级管理者的行为是重要的成功因素，他们本身就是新经营理念的代言人。成功或失败可以从员工们的情绪与工作氛围中看出。

图 13.2　西门子医疗的经营理念

"遵循精益理念"是公司的七大经营理念之一，这一点是全公司所有部门的共识。

根据上述理念，西门子医疗在方针管理方法的框架内制定了企业战略和运营目标。产品创新是所有活动的中心主题。明确公司发展的"北极星"（未来愿景）之后，首先基于方针管理方法创建中、短期目标（指引"导轨"），以保证每个目标都有具体的行动计划作为后盾（见图 13.3）。"导轨"象征着行动的边界条件，包含企业文化和各种监管要求。这种方法的优势在于，它并不是试图花费更长的时间来制定深入而详细的项目计划，然后在实施过程中再次付出巨大的努力对其进行一次又一次的迭代，而是主动接受项目的不确定性（不确定性迷雾），并通过"计划—执行—检查—处理"周期（PDCA）中的快速但具体的小步骤不断地灵活学习，最终做到保持整体的中期目标不变。战略目标也不再由战略精英们单独确定，而是由不同层级员工的共同讨论决定。这种参与性方法的优点是员工可以更好地了解业务，更好地接受由此产生的决策，同时个人也更愿意为实现总体目标承担责任。

公司将方针管理原理用于所有领域。因此，某个地区制定其销售和服务战略的方式与业务部门的管理层制定产品战略和具体实施的方式相同。方针管理方法应用的结果可以在所谓的 X 矩阵（X-Matrix）中统一且全面地表示目标状态、行动计划和测量变量（见图 13.4）。X 矩阵显然不是要跟踪日常业务运营的关键数据，而是要说明如何将相关部门（单位）的核心中期战略目标转化为当

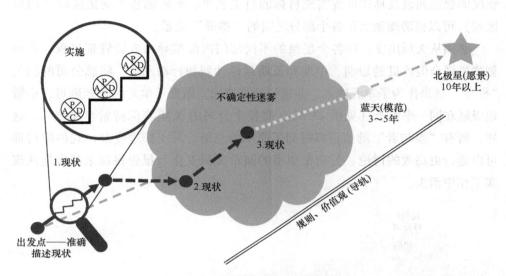

图 13.3 "方针管理"经营理念

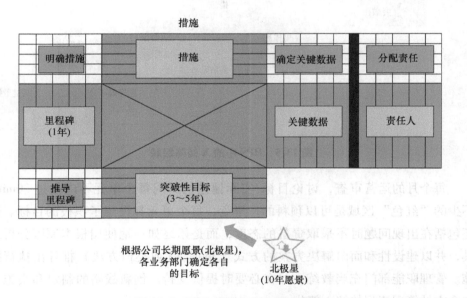

图 13.4 HPS 系统中的 X 矩阵模板

前可评价（衡量）的业务行动。X 矩阵的基础是五年期间内的突破性目标，然后在矩阵左侧"推导"得出未来 12~18 个月的短期目标。基于这些短期目标可以得出相应的行动措施，并罗列在矩阵上部区域。右侧的矩阵区域是表示实际情况的数据列表及具体负责实现目标的员工名单。矩阵的各个交集区域（四角区域）可以很清晰地表示各个部分之间的"推导"关系。

必须从大局出发，在各个层级的不同部门内部推导出方针管理进程，从而创建松耦合但连贯的短期、中期和长期目标计划和行动网络。将总公司的相关"推导"结果作为子单元输入，并进行反复迭代，做到子单元的 X 矩阵可以松散地级联在同一平面上（见图 13.5），而整个公司的 X 矩阵保持紧凑和统一。这样，所有"参与者"的信息都得到了简单的总结，对工作进度及出现的阻碍都可以进行更高效的讨论。劳动密集型的演示文稿工作及报告将越来越多地从现实工作中消失。

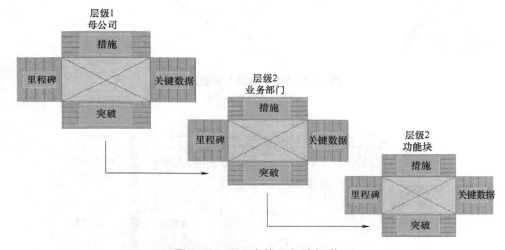

图 13.5　HPS 中的 X 矩阵级联

每个月的运营审查，讨论目标/实际偏差的时间每个单元不应超过 30min。不少的"红色"区域是可以预料的，毕竟，每个单元都设定了积极的目标。这还包括在出现问题时不采取责备的态度，而是始终如一地使用根本原因分析工具，并以建设性和面向解决方案的方式（根据 A3 或类似方法）推导出执行措施。管理职能部门充当教练，并在必要时提供支持。创新战略的制定和实施是整个方针管理流程的核心部分。

西门子医疗的目标是专注于客户导向，基于强大的创新流程实现最佳的创新文化，在激烈的竞争环境中继续保持自己的创新领导者身份，从而扩大目前在行业中的领先地位。西门子医疗每年在研发方面的总投资超过 10 亿欧元，这笔巨款必须尽可能更高效且实际地为客户、员工和投资者创造利益。

以下关键数据值被公司视为产品创新领域的成功基准:
1) 新产品占总销售额的比重。
2) 新产品带来的盈利增长。
3) 通过新产品获得的市场份额。
4) 行业横向比较,创新产品的最佳"上市时间"。
5) 行业内最好的产品质量。
6) 行业内最低的生产成本("端到端"的总成本,包括安装和服务)。
7) 行业横向比较,每个产品功能的最小开发工作量。

但如果缺乏客户意识,那么研发人员就永远无法在以上几点中取得成功。

13.4 创新领域——医疗影响

西门子医疗的"北极星"描述了期望实现的客户利益。客户是医疗保健领域的服务提供商,即世界各地的医疗诊所、实验室和医院。在这些企业对企业的关系中,我们的目标是使用创新的产品和服务(与竞争对手相比),在提高客户的服务质量的同时优化他们的成本(见图13.6)。

为了实现这一目标,所有业务部门都在努力实现自身的创新领导地位。这也使成功的创新管理成了公司成功的关键,并在整个组织架构中得到了最高的关注度。在下文中,我们将以业务部门的"医疗影像"为例来介绍当前成功的敏捷开发方法。

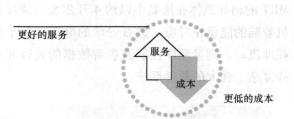

图13.6 西门子医疗的"北极星"

近几十年来,医学成像的动态发展为改善我们的医疗保健做出了重大贡献。除了经典的X射线透视和超声波成像,自20世纪70年代以来,多位诺贝尔奖获得者逐步开发出了新颖的断层扫描技术。这项技术不仅实现了内部器官的精确解剖学表示,而且提供了更好的生理功能的可视化(见图13.7)(Kramme 2011)。特别是CT和MRT,是现代精确诊断的基石,其每天都在挽救生命。如果今天我们在新闻中听到某重伤事故受害者得到成功救治的消息,那么急诊室的医生很可能根据CT扫描(只需几秒)结果确定了危及生命的内伤伤情,并立即采取了对应的外科救治措施。此外,在工业化国家,几乎所有的癌症患者都会在 CT 或 MRT 的技术支持下展开治疗。

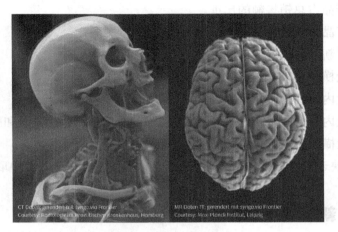

图 13.7　最先进的计算机断层扫描（CT）和核磁共振检查（MRT）图像结果示例

对我们身体内部结构和功能的深入了解基于了大型医疗设备高端的技术复杂性（见图 13.8）：高性能 CT 可在一秒钟内生成数 GB 的图像数据集。为此，重达一吨的测量系统每秒围绕患者旋转四次，并承受高达 40 倍重力的离心力。MRT 的超导磁体在液氦中以约 4 开尔文的速度运行，其存储的能量很可能与飞机着陆的能量相对应。数百安培的电流在数十公里长的超导电线中永久且无损耗地流动。测量顺序控制及患者数据的处理和可视化除了基础硬件，还需要同样复杂、强大的软件系统。

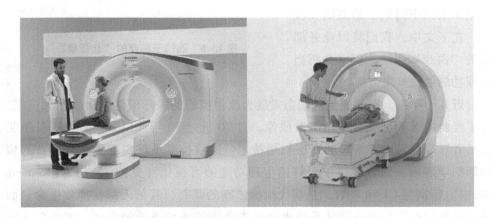

图 13.8　西门子医疗出品的现代 CT 和 MRT 设备

医疗影像产品的特点是每种产品类型都有明显的性能可扩展性。从用于基本护理的简单设备到技术上可行的极限研究解决方案，一切都在计划之中。为了能够有效地控制产品的经济性，降低开发和生产的复杂性，平台或模块化策略是必不可少的。西门子医疗几乎从不设计独立的单个产品，而是从一开始就开发子系统工具包。如果能在早期概念阶段预测初始产品的未来应用需求，则这种方法会带来绝对的成功。当然，这种方法需要对市场和技术有着出色理解，包括愿景、各个维度的积极目标及非常高的架构能力。这些模块化平台的另一个成功因素是在整个使用寿命期间中表现出的接口稳定性和可复用性。但敏捷开发人员应该以客户为导向，富有创造力，灵活和快速地响应变化，因此抵消了经济上对平台化战略的吸引力。为了透明地平衡单个敏捷项目的目标与公司整体利益之间的冲突，我们决定启动并建立了一个新的功能，即平台管理，作为所有单个项目"导轨"的一部分。其目的是在更长的时间内基于初代模块化系统衍生出更多不同的产品。尽管研发团队在此期间会进一步开发单独的模块化元件，但它们应始终如一地满足机械、电子和软件等平台的接口。如今，微软的 Team Foundation Server（Rossberg 2016）和西门子股份公司的 Teamcenter（2017 年秋季）等数字工具链为实现上述目标提供了越来越多的支持。除了基础功能，它们还能够自动检查所有相关开发人员对"游戏规则"的遵守情况。修改后的软件模块只有在成功通过某些编程规范的检查后才能导入软件存档中；而在硬件开发中，必须在电子产品中使用经过验证的标准库元件。偏差不会产生任何客户利益，但是会通过不必要的复杂性产生额外的成本，并且通常不利于产品质量。开发所使用的软件工具能够创建更好的实际产品的"数字孪生"，提供了更丰富的模拟产品、生产设施和服务流程的可能性。例如，稍后组装产品的装配工在虚拟现实环境中使用数字产品模型来设计他们未来的工作场所，并在模拟模型中对其进行优化。通过这些超越实际产品开发的敏捷元素，项目从第一天开始就创建了更高效的生产和服务流程，并提高了员工的满意度。

西门子医疗内部用于单个医学成像模式的基础平台（如计算机断层扫描）是在大型项目中开发的。这些项目为期数年，涉及多达 1000 名开发人员，分布在全球多个办公地点。模块化系统的初始开发需要投入大量资源，但公司能在平台的使用寿命周期内得到回报：后续产品可以在持续时间明显缩短的小项目中实施。

医疗技术市场的高度监管要求也为产品的复杂性提出了更高的要求，国家当局就开发过程中必须遵守哪些边界条件提供了详细的说明。从本质上讲，这涉及实施特殊的质量管理体系（ISO 13485），其要求远远超出标准质量管理体系。这也是所谓的"设计控制"（Design Controls）领域的要求：所有被要求的文档都必须严格按照正式统一的格式体现在系统中，并在整个流程链中进行持续验证。当局还会定期检查所有地点对这些要求的遵守情况，审查持续数天，有时未经通知。系统中的任何细小偏差都可能会产生巨大的经济影响，包括阻碍相关产品的正常交付。

在如此严格的流程要求和内容边界条件下，公司要如何在大型项目中使用敏捷实现创新呢？系统化的创新过程和创造自由并不矛盾，其实它们是相辅相成的。当然，经验丰富的开发经理非常清楚好的想法和好的产品解决方案之间的区别。而且学习的过程并不总是无痛的。为了在竞争激烈的大型医疗设备（精尖科技）市场中保持创新领先地位，最好的想法自然是不言而喻，但更重要的是将想法快速转换为更好的产品领先技术。真正的创新永远都能在医疗保健领域取得丰硕的科研成果，从而在商业上也取得成功。从想法到实现的道路是漫长且危险的。

纵观整个产品生命周期管理（PLM）流程，前期开发、产品研发和产品维护这三个主要领域各不相同。PLM 流程中的这些单独领域将被嵌入到整体战略及流程和内容相关的内、外部开发框架条件中（见图 13.9）。本文并不会深入介绍产品维护。然而，除了流程和管理方面，在工作组织、沟通和决策文化中还有其他影响成功的重要因素。由于它们也相当重要，因此我们将更详细地讨论这些内容。

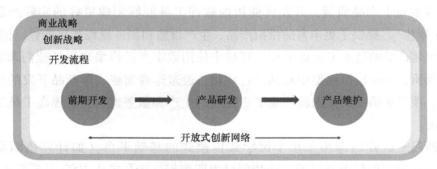

图 13.9　PLM 架构

13.5　前期开发——从技术到创新（T2I）

作为成功管理创新的先决条件，西门子医疗确定了前期开发和产品研发流程明确分离的总体方针。但具体的开发部门并没有在组织内部削减自己的前期开发团队。因此，在前期开发过程中不会出现"象牙塔"。这种方法也在很大程度上避免了从前期开发到产品研发过渡过程中的"非我所创症状"（Not-Invented-Here-Symptome）。明确的分离方针同时具有积极的边缘效应，即开发人员在前期开发阶段可以比在实际产品研发过程中更自由地工作。在实际产品研发中，我们有充分的理由相信高敏捷性会遇到明显的限制。医疗领域的公司必须对其产品的功效和安全性负有高度责任。前期开发的任务是跟随趋势，收集或创造创新理念。但有一点是明确的：在西门子医疗，创新是每个员工的工作。从装配工对生产线的改进建议到研究实验室中科学家的新发明，再到销售代表对新商业模式的想法———一切都有助于公司的创新。只有当对变革的意愿、改进的追求、实验的自由（包括接受失败）在各个层面扎根，才能说公司拥有了良好的创新文化。

在所有部门（领域）建立的 T2I 流程（见图 13.10）中，成员们会共同对各种来源的创意进行理论及实践上的评估，并将初始过滤筛选后的主题细化到具有一定技术成熟度的水平，从而降低它们在紧凑的产品开发项目中的使用风险。因此，T2I 的任务是不断地将创新概念推向成熟，从而允许在产品开发中以严格的质量、成本和时间目标对其进行风险控制。为此，我们还必须区分技术和创新。创新总是从客户的角度（市场拉动，Markt Pull）来展开，它可以体现在新

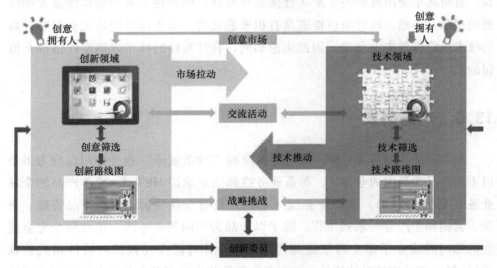

图 13.10　创新管理架构

的产品创意、服务理念甚至商业模式；在这个系统中，技术则被理解为创新的驱动力或基本先决条件（技术推动，Technology-Push），并被单独考虑。我们为每个管理单位（部门）定义了相关的创新和技术领域，每一个领域都指定了一位负责任的领导人，他就是这一领域的"企业家"。他了解自己业务领域内的研究现状，并系统地与世界上先进的思想保持同步，无论是学术界还是商业市场。他要为自己的职责领域进行深度的头脑风暴，并推动进一步的具体开发流程。创新委员会作为跨主题的决策机构定期举行会议，各业务部门的总经理和商务总监都属于定期参与者，大家共同讨论优先事项和资源分配。各团队有责任向创新委员会提出其所在领域的项目新想法，如果被接受，则进一步开始报告后续的进展情况。所有项目信息将以技术和创新路线图（Technologie-und Innovations-Road-maps）的形式记录下来，并定期检查它们与整体战略的一致性。

公司在创新和技术领域的成功也能为其员工的良好职业发展做出的重要贡献。在西门子，专家职业路线与管理路线处于同等地位。各业务部门会根据需求从现有专家库中动态挑选人员，因此合作能力总是工作人员总能力的一部分。团队可以自由选择他们的工作方式，并尽可能敏捷地工作。

将前期开发主题过渡到产品研发的正确时机也至关重要。对于复杂关键技术的研发工作，产品开发的必要成熟度评估（ISO 16920）已经证明了自己的价值，NASA 在宇宙航行相关技术开发中就全面应用了这一点。它是一项艰难的考验，有时甚至会出现相关专家（直接参与项目）的评估与系统分析结果大相径庭的现象。当然，这对项目推进是有积极意义的，因为盲目的乐观会忽略过高的技术风险将带来的危险。因此无论如何，有针对性的技术成熟度评估都是值得的。

13.6 产品研发

与业界的典型情况一样，西门子医疗的"诊断成像"业务部门也分为多条以不同产品为导向的业务线，每条业务线都独立承担 MRT 或 CT 等产品的全球业务（见图 13.11）。这些业务线（部门）拥有全球资源，负责产品管理、研发、营销和生产等一系列工作。除了以产品为导向的业务线，还在两个完全独立的部门间成立了多个跨职能部门：一部分针对硬件（包括与硬件相关的软件），另一部分则针对纯软件。它们负责开发和生产多条业务线共同使用的模块化组件。这种架构在很大程度上确保了管理单元之间不会失去协同效应。产品线内的组织基本上遵循统一的逻辑：一方面是共同的管理职能，如商业管理、质量保证、人力资源等；另一方面则是营销、开发和生产等相关的主要流程。

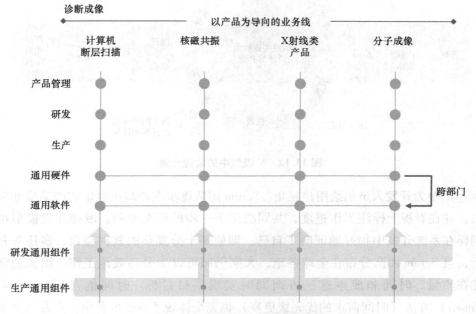

图 13.11　产品研发中的组织矩阵

由于员工人数众多且主要研发部门分布在世界各地，组织架构也会相应变得更为复杂。产品业务和跨职能部门之间的合作是在确定的总体开发和生产战略框架内通过项目协议的方式进行的。同时，公司也应尽可能减少当前项目业务中的组织边界，目的是让所有项目成员感觉更有团队感，而不再有原各自部门的孤立感，从而更好地协同工作。这里描述的组织架构及合作基本原则使进行高效的工作同时具有卓越的过程质量，从而为西门子医疗在市场上的领先地位奠定了核心基础。

在系统开发中，基于瀑布模型派生的 V 模型被用作通用的整体框架——这是有充分理由的。这种开发模式提供了一个框架，不仅确保了满足医疗相关开发环境中的监管要求，甚至可以安全地管理大规模的复杂项目。并且在这个整体框架内，敏捷的子开发模型也可以得到很好的集成。这些新模型的使用可以带来非常多的好处，特别是与用户相关的软件和系统等方面，如用户界面等（见图 13.12）。

敏捷开发模型特别适用于软件开发。产品负责人在用户故事（User

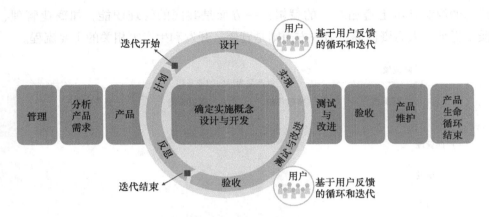

图 13.12　V 模型中的敏捷元素

Story）中为开发人员描绘用户视角。Scrum 团队逐步在冲刺中制定其产品待办事项，并在看板上标注工作进度，共同决定下一步的研发方向。敏捷开发模型也同样在系统开发中很好地证明了自己。即使是十分复杂的软件项目，多任务并行，且 Scrum 团队分布在全球各地，大家仍旧可以十分高效地工作。团队通常能在质量、时间和成本这三方面同时实现项目目标。时间框（Time-Boxed-Ansatz）方法（时间需求的优先级更高）也完全体现了自己的价值。产品待办事项中的优先级划分可以更有效且可靠地实现产品质量、保证交付节点，并节省开发和目标成本。基于"最小适销产品"（Minimum Marketable Product）目标，还可以对功能进行灵活的适应性调整；而计划方法的正确选择也可以保证在可用时间内安全地实现"最小适销产品"。

　　在最基本的新产品开发过程中，项目团队与临床用户及外部开发合作伙伴之间必须不断地高效合作。除了与客户咨询委员会共同开展交流会，宣传和评估设计及需求理念，项目团队还会在不同的开发阶段反复进行可用性试验，即让临床用户实际使用原型产品。这些试验能帮助更早地系统化确定产品原型，针对不同用户在使用过程中发现的不变之处进行改进优化，不断迭代直到产品系列正式发布。这些迭代工作除了可以不断优化原有概念，还能产生许多新的概念。最新的策略是社区发展，让客户更多地参与到共同创造研讨会中。参与其中的每个人都充满了热情，为项目团队提供"用户"创造力，并对新产品线的进化贡献价值（见图 13.13）。

　　试验和创新一直都是十分重要的发展元素。只有拥抱变化才能确保自身在市场上的创新优势。就像生活中许多其他领域一样，停滞不前意味着倒退。

图 13.13　共同创造研讨会（Co-Creation-Workshop），美国

13.7　管理的核心任务——边界条件及文化

流程、方法和工具只能确定工作的整体框架，而各位团队成员会或多或少地填补该框架的具体内容。因此，创新过程中的合作关系是我们应该研究的重要因素之一。而在过去反复被证明是关键的相关主题自然也值得深入探讨。

1. 团队多样性

创新是多样性的结果，而不是一致性的结果。解决问题的想法越多，找到"正确"方案的可能性就越高。因此，有意识地将不同人的不同重点、观点进行组合是成功的良好秘诀。杰出的专家们偶尔也会是执拗的思想家。因此，开发成员圈子需要一定的领导技巧，或者说公司需要为个人主义者创造一个合适工作环境，在保证合规性的前提下让他们可以自由地实施自己的技能。这两者都能在市场竞争中创造宝贵的优势。为了在激烈的竞争环境中成为对创新者有吸引力的雇主，除了有利于创新的工作环境，公司还需要提供出色的职业前景。多年来，西门子为技术专家们提供了成熟的职业发展道路，为那些无意成为管理人员的创新者们提供了良好的发展机会，从而将他们长久地与公司联系在一起。此外，来自欧洲、亚洲和北美的团队在一个项目中一起工作，跨文化交流能力和宽容的心态是在这种多元文化环境中取得成功的关键因素。任何一位曾经有机会与德国、中国同事一起参加跨文化研讨会的员工绝对不想错过第二次这样令人振奋且难忘的互动体验。最后，大家相互理解、尊重，并取得了更好的合作成果。

2. 颠覆性的开发需求带来的挑战

众所周知，有光明的地方就会产生阴影；随着时间的推移，依托明确定义的流程，大型且长期稳定的线性组织内部不可避免地会产生一定的刚性。这种精心配置的"工作齿轮系"在处理"常规项目"方面非常高效；但对于不属于常规的任务，则很难有出彩的表现。

西门子医疗的创新战略是，除了众多可管理的增量开发项目，还要以更长的时间周期进行根本性的创新开发，这对公司来说是一个不小的挑战。因为下一代平台开发的成功与否将在很长一段时间内决定相应业务线的成败。我相信大家偶尔可以在商业媒体上看到中央开发项目中的"错误估计"给公司未来带来的严重影响。

下文将讨论的方法对西门子医疗突破性项目的成功具有决定性的意义。

13.8 商业项目 vs 研发项目——管理重点

对于突破性项目而言，最关键的先决条件也许就是始终如一且令人信服的管理层方向。与许多正在进行的普通项目相比，这些项目具有一定的战略重要性。当然，这些项目会在公司内引起争论，对于为什么不会奏效这个问题很快就会有 100 种答案。因此，管理层必须向组织中的每个人明确表示，自己正无条件地支持此类项目，没有"如果和但是"，并将尽一切努力使其成功。作为方针管理方法研讨会的一部分，明确未来的产品愿景是一个良好的开端。它包含了现有的业务挑战和机遇，并为项目制定具有边界条件的共同目标。如果管理层在项目开始时就拥有如此坚实的理论基础，那么没有什么能阻碍后期的工作展开。当然，他们还必须在项目的关键阶段保持这种专注和决心。只有这样，才能始终确保存在的"离心力"不会危及项目。

1. 重量级项目管理

在管理增量开发项目时，通常会为各个研发范围分配项目经理。这些项目都经过精心安排，所有利益相关方都派代表参加到了某指导小组中，通常没有出现冲突的可能性。然而，这也会在项目经理之间造成利益冲突，这会让他们更接近管理层，而不是实际生产或产品管理部门的同事，因此可能会在危急情况下对项目产生负面影响。

与非常困难的大型项目相比，小型项目对项目经理的经验及资历的要求并没有那么高，这使它们成了培训初级经理的好机会；相比之下，突破性项目对项目经理的要求要高得多。只有成熟的领导者才有资格，他们拥有管理经验、社交及沟通技巧、高负压能力，愿意并能够在几年内成功地领导项目，将其最终推向市场。这些"重量级项目经理"凭借他们的职业技巧及在公司内的地位与各条业务线的管理层平行"运作"。他们也是指导委员会的成员，直接向企业负责人报告。在项目准备阶段，项目经理会支持项目愿景的确定和细化。他们还要与业务部门负责人一起负责项目背景、愿景和方法在整个组织中的传达。在整个项目期间避免这一核心职能部门的人事变动非常重要，我在这里一定要再三强调。

2. 项目核心团队（Projekt-Power-Teams）

公司从一开始就旨在将所有业务相关领域纳入项目工作中。因此，项目经理必须精心挑选核心团队的成员，该团队从第一天起就代表了所有的相关性主题。这支团队通常包括来自开发、产品管理、营销和销售、生产、服务和财务的各一名代表（见图13.14）。每个人都由项目经理选择，并将自己100%的精力投入到项目中。除了技术工作，核心团队成员作为项目代表的另一个重要任务就是形成项目与各自部门之间的沟通桥梁。

因此，他们在组织上仍然扎根于原来的部门，但与项目经理一起进入专门的项目室。在项目过程中，随着时间的推移，成员们为各个部门形成了一个不断壮大的子团队。在项目最关键的时刻，几乎各个部门的大部分人都在处理项目。这对核心团队成员的要求是十分大的：他们需要有高水平、深层次的专业知识储备，同时他们还必须拥有建立并领导各自团队的能力。此外，他们还需要具备出色的沟通技巧，以确保项目与原部门之间的顺利

图13.14　项目核心团队的典型初始架构

合作。而这些职位的候选人们只有在向公司明确承诺将留在公司直到项目成功完成时，才有机会参与其中。项目团队始终如一地遵循"精益原则"工作，并共同在一间常设的大部屋房间（见图13.15）内工作。他们会在其中对项目进行

"可视化",并且可以"跨办公桌"高效地协同工作。此外,在项目组织需要进一步扩展时,他们会尽100%的努力将新的力量带入项目。

图 13.15　典型项目团队工作室

13.9　决策中——项目导向 vs 条线导向

在原来的条线组织中,未经所有相关职能层级的批准,不会在项目中做出任何技术决策。条线组织中的每个经理都认为自己对员工在项目中的工作负责。在这种架构中,有时他们会认为自己责任领域的利益优先于项目利益,从而损害了整体业务的发展。项目成员们一次又一次地观察到冗长且人员复杂的协调过程,有时这会减慢项目的速度,并导致决策的不确定性。

在西门子医疗的突破项目中,核心团队中存在各个专业部门的成员代表,即将项目决策的权利委派给这些员工。这些决定是在项目中所做出的,所有核心成员均负责自己原来部门的协调工作。这些成员代表需要能够评估原部门的固定范式是否会危害项目目标,必须做好解决不愉快争议的准备,并可以提出建设性意见。当然,他们的工作还包括确保管理层及组织中的决策得到明确的传达。如果有必要的话,升级委员会可以对业务部门进行管理,但是升级不能简单地被认为是负面的。相反,这是寻找推进整个业务最佳方法的正常过程。在西门子医疗的"诊断成像"部门中,各业务条线的经理每周在固定的工作室中进行会议交流,即保证升级得到实际处理的时间周期不会超过一周。这样,产品业务线与交叉功能之间的问题也可以很快得到调节。

13.10　项目交流——工具 vs 人

现代沟通工具既是祝福,又是诅咒。由于医疗产品开发过程的记录要求极高,且项目成员的地理分布十分广泛,现代沟通工具为此提供了很好的支持。但是,我们在使用电子通信的过程中并不是总是以项目目标为导向的,如果无法确保以解决方案为导向,合作会出现潜在问题。

除了正式的、仍然有用的项目文档(包括需求文档、概念文件等),项目大部屋里的"可视化"工作也至关重要。这使在日常项目工作中跟踪正在解决的新主题及其相关活动成为可能。如果管理层想了解该项目,则不再需要去会议室看演示文稿(PPT),而去访问项目大部屋。

总而言之,除了对大部屋的开放访问,项目文档的良好结构、分发及可访问性(从概念文件和规范到会议、决策记录)对项目组织和管理层都至关重要。项目管理人员要对此负责。

此外,不仅在项目开始时,在项目过程中,也要持续地将项目状态公布在各种员工论坛中,从而强化员工对项目的信心,这对项目管理也有帮助。由于西门子医疗系统地为这些员工信息论坛提供了反馈机会(如果需要,可以匿名),因此这是项目团队感受到员工"脉搏"的好机会。

13.11 制造或购买——核心竞争力 vs 开放式创新

作为最后一个方面,我们应该讨论开发过程中内、外部价值创造之间的最佳平衡。从本质上讲,企业的创新目标就是通过技术差异化,创新过程质量差异化及合作伙伴的技术优势来建立可持续的竞争优势(Porter 1985)。在不稀释核心技术地位的情况下,公司应该在某些非核心技术领域利用合作伙伴的创新行为动态地产生额外的客户价值。

对于一家成功主要基于技术优势的公司来说,必须在早期阶段识别相关技术的未来前景并持续建立相应的研发能力。今天所使用的技术常常具有超过十年的交货时间,并且启动投资金额非常高。因此,远见卓识以及承担风险的意愿与系统方法相结合是至关重要的。如今,使用简单系统进入"诊断成像"市场没有很大的障碍,其所需的子系统在国际供应市场上随时可以买到。然而,通过卓越的系统设计或良好的成本管控实现的创新领导力是上述公司无法实现的。它们需要一个整体创新战略,在自己公司内部掌握核心技术。例如,西门子医疗在内部绘制了检测 X 射线的 CT 子系统的整条价值链,从起始材料到完全集成(见图 13.16)。结合出色的系统设计知识,这种方法为系统集成提供了新途径,让最终产品具有显著的功能、质量和成本优势。

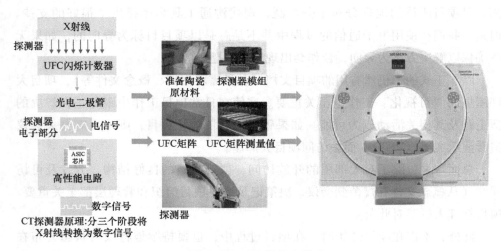

图 13.16　CT 的核心技术

然而从某种程度上来说，任何一家公司已掌握的高端技术都是自身的舒适区。与学术合作伙伴（在医学领域通常需要扮演终端客户和开发合作伙伴的双重角色）联合开发，以及尽早整合战略开发合作伙伴的子系统（非核心技术）也都是西门子医疗长期建立的成功实践（见图 13.17）。

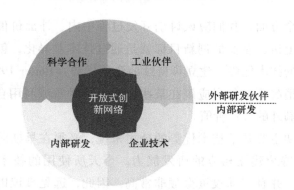

图 13.17　西门子医疗的开放式创新网络

然而，这些与外部伙伴合作的僵化概念现在已经达到了极限。因此，基于新的开放式创新方法，公司与外部的合作方式应在保持自己核心技术优势的同时得到更灵活的扩展。新的合作模式将为医疗软件（基于图像）小型供应商构建一个更灵活的生态系统，它们的应用程序可以直接嵌入西门子医疗提供的基础环境，并为终端用户所用。这为能够在这个生态系统中成功运营的小型合作及西门子医疗（包括其自身客户）创造了真正的双赢局面。精益创业公司也有属于它们的基本方法（Ries 2011），其中希望为西门子医疗贡献好的想法的外部合作伙伴仍可以保持自己高度的创业自由（敏捷）。而在与我们的合作过程中，它们能够发现更多的让系列产品适应特殊应用场景的开发机会，从而打开更多小但有吸引力的市场。如果没有这些合作伙伴在特殊领域的知识和想法，西门子医疗自身将很难提供完整的服务。西门子医疗在新模式中显著提高的开放性和敏捷性挑战着公司内部及合作伙伴的每一位员工的旧思维方式。最大的危险在于每个人都认为自己可以把所有事情做得更好，最好的想法总是通过内部创造。在这一点上，透明的战略制定也有一定的帮助。公司的目标非常明确：除了掌握所有核心技术，还要构建行业内最好的创新生态系统。只有当西门子医疗本身成为对其他人最具吸引力的合作伙伴时，它才能真正地取得进一步的成功。

13.12 小结

医疗保健市场是一个充满活力的高科技领域，具有诱人的增长前景。出众的创新实力是公司成功的关键因素。因此，创新战略是西门子医疗精益管理系统 HPS 的核心要素。公司的目标是通过使用敏捷的创新流程和优秀的合作伙伴网络来进一步扩大其在市场上的地位。具体步骤包括高度关注客户需求、形成开放的企业文化及在全公司范围内实施 HPS。员工们也必须意识到其中必要的变化并积极配合它。向敏捷管理模式的转变需要所有人改变对自身角色的理解，特别是条线组织架构中经验丰富的经理们。公司方面也必须为他们提供培训和辅导支持。持续改进的文化已成为西门子医疗在许多领域广泛应用精益和敏捷方法的信条。为了使整个公司的思想与共同的愿景"北极星"保持一致，方针管理方法贯穿始终，这保证了中长期目标能够真正转化为一致的运营行动。

开放、信任且以绩效为导向的企业文化使员工个人的潜力也能得到发掘，所有人朝着共同目标前进，并承担整体成功的责任。这种方法使公司成为有吸引力的合作伙伴，不仅对其客户，而且对开放式创新网络中的外部合作伙伴也是如此。迄今为止在变革过程中获得的经验基本上都是积极的，而我们也更坚定了在这条道路上继续走下去的决心。

参考文献

Beck, K. et al.: Manifesto for Agile Software Development. *http://www.agilemanifesto.org* 2001.

Brynjolfsson, E.; McAfee, A.: The Second Machine Age., W. W. Norton & Company, New York, London 2014.

Clausing, D.: Total Quality Development. ASME Press, New York 1994.

Herbst, S.; Hoffmann, A.: Product Lifecycle Management mit Siemens Teamcenter, Carl Hanser Verlag, München 2017.

Hutchins, D.: Hoshin Kanri. Abingdon, Routledge, 2016.

ISO 13485 Medical devices – Quality Management Systems – Requiremenst for regulatory purposes.

ISO 16290:2013 Space systems – Definition of the Technology Readiness Levels (TRLs) and their criteria of assessment.

Kramme, R.: Medizintechnik. Verfahren – Systeme – Informationsverarbeitung. Springer, Berlin 2017.

Liker, J.: The Toyota Way. McGraw-Hill, New York 2004.

Nonaka, I.; Takeuchi, H.: The New New Product Development Game. Harvard Business Review 64, no. 1, 1986.

Peters, T.: The Tom Peters Seminar, Vintage Books, New York 1994.

Porter, M.; Olmsted Teisberg, E.: Redefining Healthcare., Harvard Business School Press, Boston 2006.

Prashad, B.: Concurrent Engineering Fundamentals: Integrated Product and Process Organization. Volume I and II. Prentice-Hall, 1995/1996.

Ries, E.: The Lean Startup. Crown Business, New York 2011.

Rossberg, J.: Agile Project Management using Team Foundation Server 2015. Springer, New York 2016.

Siemens: Max Gebbert & die Pioniere der Medizintechnik in Erlangen. Siemens Med Archiv, 2006.

Siemens AG: Siemens will seine Gesundheitssparte weiter stärken – Siemens Pressemitteilung. München, 10. November 2016.

Womack, J.; Jones, T.: Lean Thinking. Free Press 1996, New York 2003.

总　结

本作是第一本介绍各家公司是如何将敏捷开发方法从软件开发移植到整体产品开发过程中的书籍。

要实现软件 Scrum 到整体产品开发的转移，我们必须首先澄清其中的一些误解。只有当你理解了这种开发方法的真正"内核"，才能将它移植到另一个环境中。

来自博世公司的汉斯·皮特·霍普钠博士及马丁·胡里希博士详细描述了敏捷方法是如何与产品开发流程阶段门模型（PEP）中的"瀑布"方法"合作"，并取得成功的。当然，敏捷方法也同样可以在项目的最后阶段（SOP）发挥作用。

费斯托的沃夫刚·宗德勒则认为敏捷是产品开发流程阶段门模型的理想补充。他明确指出 PEP 中的里程碑可以和敏捷方法中的阶段目标结合在一起。而欧司朗的安东尼奥斯·雷廷格则在文中表达了自己的期许，希望通过敏捷方法，在各个冲刺中让员工"提速"。"冲刺"这一概念在"提速"这一描述中总会引起误解，"节奏"可能是更合适的表达。

德尔格的斯蒂芬·塞弗林描述了产品负责人是如何从一名 Scrum 学徒一步一步成长起来，并最终成为市场与技术的"接口"。他还在文中明确指出了大家的一个错误认知，即敏捷只有在需求不断发生变化的时候才起作用。因为不管是否使用敏捷，需求的变更总会对开发带来负面的影响。

鲁道夫·斯塔克介绍了大陆集团如何保证项目能够顺利推进，即使相关团队在项目过程中发生了大幅的人员更替。同时，他的介绍也很好地证明了具有较强客户依赖性的汽车供应商也同样可以使用敏捷方法进行项目开发。

敏捷是一种可以在大型团队或复杂产品架构项目中显著降低开发时间的方

法。凯傲集团的艾克·波姆博士在全新叉车开发项目（高复杂性）的介绍中为大家表明了这一点。

来自艾斯玛的于尔根·莱纳特博士和卡斯滕·冈拉克博士共同发起的创新项目展示了两个要点：敏捷也可以在可规划的全新领域项目中得到应用。即使团队成员们无法做到"100%"投入，但敏捷方法还是能够在成员专注度和投入感上带来明显的优势。通快集团的海因茨·于尔根·波洛克普博士和加布里埃尔·卜芬科博士是在机械加工领域产品应用敏捷方法的先锋。他们的成功表明，研发人员应该有勇气从非试验性质的小项目开始应用敏捷。

来自西门子医疗的沃尔特·马岑多夫是最早向管理层介绍敏捷元素的专家之一。他认为，敏捷不仅可以在项目层面上带来可见的进步，即创造承诺、透明度和动机；而且当领导人们亲自体验了这种方法时，他们就能更直观地感受如何定义更具体的目标，实现承诺及在短时间内进行交流，并理解这三点对项目而言意味着什么。

在沟通中，我们发现最危险的误解之一就是使用敏捷方法可以不需要额外的管理层。或者说，如果产品负责人、自给自足的团队和敏捷教练共同工作，那么这个项目"小组"则将不再需要其他的小组（部门）负责人。这种"逻辑"绝对缺乏理论基础！事实是，部分微管理人员（Mikromanagement）或非管理方向的领导者必须改进其工作方式，但这与敏捷方法无关。至关重要的是，敏捷方法为产品主团队和冲刺小组负责人提供了固定的开发框架，以便他们能够更快更好地进入自己的角色。

工业领域目前正经历着巨大变化，每天都有新的敏捷试点项目开始。汽车制造商们纷纷开始了自己的第一个超过百人的整车项目，并在大型项目中学习使用该方法。接下来他们将要面临的挑战则是组织架构如何同时管理多个敏捷项目。再然后，他们要学会应用约束理论（Theory of Constraints）和关键链项目管理（CCPM），以及如何将敏捷带入管理层。阅读本书后，你可能会意识到有些公司已经走了很远。

有一点是可以肯定的：未来，团队和经理们都会在敏捷中获得更多乐趣，这是一个很棒的观点！

作者索引

主编：阿克塞尔·施罗德是位于慕尼黑附近绍尔拉赫（Sauerlach）的 AS&P（Axel Schröder Unternehmensberatung）公司的负责人。AS&P 是德国领先的研发管理咨询公司，专注于汽车、电子和机械工程领域。25 年来，AS&P 在 900 多个项目中开发了新方法来提高研发绩效，它是在德语国家引入"敏捷产品开发"方法的市场领导者。此外，公司 10 多年来还一直是专业杂志 F&E MANAGER 的出版商，并且坚持组织举办 F&E INTENSIVE 研讨会。

教授艾克·波姆博士（CTO）自 1988 年以来一直在戴姆勒担任各种研发管理职位，其最后一个职位是梅赛德斯奔驰乘用车的全球质量负责人。2011—2012 年，他是戴姆勒研发中心产品创新及工艺技术部门的领导人。2008—2011 年，他担任了三菱扶桑卡货车有限公司的研发主管，负责这家日本商用车制造商的产品开发调整。在此之前，他曾在梅赛德斯奔驰卡车公司担任管理职务，最后负责的是跨品牌底盘部件开发。他目前担任凯傲集团的首席技术官，自 2015 年 8 月以来一直在管理 Linde 和 Still 两个品牌。此外，他还是艾斯林根大学（Hochschule Esslingen）汽车工程学院的名誉教授。

加布里埃尔·卜芬科自 2004 年一直在通快工作，最初时撰写出版了两本关于激光加工钣金及其他工业材料的专业书籍。2006 年管理了公司所有产品更名的国际项目。自 2008 年起便从事产品研发项目管理工作。2009 年，她被任命为项目管理办公室负责人，工作重点也转移到了单/多项目管理、敏捷方法；企业思维管理、创造力和文化沟通领域。

卡斯滕·冈拉克（＊1969）**博士**自 2014 起开始担任 SMA 的"全球卓越项目经理"一职。此前他是 SMA 创新设计部门的主管。他还是《Die frühe Innovationsphase》《Innovation mit TRIZ》及《Praxishandbuch Six Sigma》等书籍的主编。此外，他还是经专业机构认证的敏捷教练，同时也是创新及技术管理，六西格玛，质量功能配置（Quality Function Deployment，QFD），发明问题解决理论（TeoriyaResheniyaIzobreatateiskikhZadatch，TRIZ）领域的知名专家。

汉斯·皮特·霍普钠博士曾在斯图加特大学（Universität Stuttgart）学习电气工程专业。在慕尼黑的弗劳恩霍夫研究所（Fraunhofer-Institut）取得固态技术领域的博士学位之后，他于 1989 年加入了罗伯特博世公司。在博世他完成了多个国内及海外项目。自 2014 年以来，他一直担任底盘事业部的分区委员会成员。他的工作重点专注于研发领域，职责范围包括驾驶辅助系统及更高层级的总体系统产品开发，包括方法和工具。

马丁·胡里希博士于 1988 年在乌尔姆大学（Universität Ulm）结束了自己在半导体物理学的博士学习之后就加入了博世公司，工作内容主要是电机控制。2001 年，他在西门子第一次担任管理职位。从 2005 年起，他开始管理博世中央研发部门软件密集型系统领域的某个部门。之后他又在博世产品工程系统中心项目担任工程教练，现在则负责底盘事业部门的一项改进计划。

作者索引

沃尔特·马岑多夫自 2015 年以来一直是西门子医疗诊断成像领域的负责人。这位电气工程师毕业于埃尔朗根-纽伦堡弗里德里希-亚历山大大学（Friedrich-Alexander-Universität Erlangen-Nürnberg），于 1985 年以研发工程师的身份加入了当时的西门子公司（Siemens AG），参与核磁共振扫描仪相关的医疗技术开发。在进一步担任项目经理、产品定义负责人及全球计算机断层扫描研发负责人（自 2001 年起）之后，他分别在 2006 年和 2011 年开始负责磁共振成像业务领域的计算机断层扫描和放射治疗业务。

海因茨·于尔根·波洛克普博士自 2012 年起担任通快公司的开发和采购总经理。他曾在斯图加特大学学习工艺流程学，并完成了博士学业。1988—1991 年，他在迪琴根（Ditzingen）的通快激光技术部门担任设计主管，然后在日本担任负责开发/设计和生产的副总裁。从 1993 年开始，他分别在位于艾森（Essen）克虏伯机械工程公司及 Frigoblock Grosskopf GmbH，还有位于瑞士的斯图特机床公司（Fritz Studer AG）担任总经理。

于尔根·莱纳特在南非完成电气工程学业后，便在亚琛的电力电子和电气驱动研究所（ISEA）完成博士学位，之后在同一研究所担任高级工程师。1999—2011 年，他在瑞典的安控（Emotron）工作，近年来担任集团董事，负责技术和运营。2011—2014 年，他是 SMA 电厂解决方案部门（EVP Technology）的负责人。在他的领导下，SMA 成功拓展了全球业务，并为大型太阳能发电厂开发了至关重要的系统化解决方案。自 2014 年 4 月起，他被重新任命为董事会成员；自 2016 年 1 月起负责开发、运营和业务部门及与丹佛斯（Danfoss）的合作工作，他本人现在也是丹佛斯的监事会成员。

安东尼奥斯·雷廷格（物理学硕士，欧洲工商管理学院 MBA）于 1996 在西门子的内部咨询管理岗位开始了自己的职业生涯。2001 年，他在电信部门担任产品、程序和服务管理职位。在成功完成西门子与诺基亚网络的销售及服务整合工作后，于 2008—2010 年接管了诺基亚西门子通信的全球销售运营部门。2011 年，他转战欧司朗，在那里他建立了全球多项目管理（MPM）。自 2012 年以来，他一直负责公司数字系统业务部门的 MPM。

斯蒂芬·塞弗林的职业生涯始于审计，2003 年转投工业领域，这位经济学家从 2011 年起涉足医疗技术和制药行业的研发领域。除了成功开发和推出新的医疗产品，他的工作重点之一是确定新技术并与工业合作伙伴和研究机构保持良好的合作关系。他目前在 Draegerwerk AG & Co. KGaA 负责全球项目开发。

鲁道夫·斯塔克自 2001 年以来一直在大陆集团工作。加入大陆集团的前身 Temic 后，他从 2007 年开始负责变速器部门的欧洲业务，然后于 2009 年接手该部门的全球业务。自 2009 年以来，他在该部门取得了巨大的成功，并为未来做好了准备。自 2016 年 7 月开始，他开始接手混合动力汽车部门。他拥有国家认证技术员学位，同时也是一名商业经济学家，并在圣加伦大学（Management Zentrum St. Gallen）完成了管理培训。

沃夫刚·宗德勒是费斯托的研发主管。在埃斯林根应用科技大学（FHTE Esslingen）完成学业之后，他首先在 Reich Klima-Räuchertechnik 开始了自己的职业生涯，随后又在西门子担任过多个职位。2000 年，他开始在法雷奥（Valeo Motors & Actuators）担任各种研发及预研项目的主管工作。2006 年，他接管了盖泽有限公司（GEZE）的开发及管理，在那里他开始接触敏捷产品开发。自 2015 年 4 月起，他开始在费斯托负责产品研发，并积极参与敏捷相关的工作。